U0694151

新时代爱国主义教育丛书

做堪当新时代重任的接班人

第一辑 **少年版**

《做堪当新时代重任的接班人》编写组◎编

江西人民出版社
Jiangxi People's Publishing House
全国百佳出版社

前　言

少年强则中国强，青年兴则国家兴。

2022年5月10日，习近平总书记在庆祝中国共产主义青年团成立100周年大会上指出："要立足党的事业后继有人这一根本大计，牢牢把握培养社会主义建设者和接班人这个根本任务，引导广大青年在思想洗礼、在实践锻造中不断增强做中国人的志气、骨气、底气，让革命薪火代代相传！"习近平总书记从确保党的事业薪火相传和中华民族永续发展的战略高度，为新时代做好党的少年儿童工作、推动青年运动蓬勃发展指明了前进方向，注入了强大动力。

在全面贯彻党的二十大精神、深入开展学习贯彻习近平新时代中国特色社会主义思想主题教育的热潮中，为引导广大青少年更好地了解共青团、少先队的光荣历史，坚定前进信心，立大志、明大德、成大才、担大任，努力成为担当民族复兴重任的时代新人，我们特别策划了新时代爱国主义教育丛书"做堪当新时代重任的接班人"。丛书为不同年龄段读者展示了100多年来中国共产党领导下的共青团和少先队组织的光辉历程、光荣事迹、光彩人物。我们希望本丛书能够成为引导广大青少年树立远大理想、热爱伟大祖国、担当时代责任、勇于砥砺奋斗、练就过硬本领、锤炼品德修为的生动读本，成为激励广大青少年为中华民族伟大复兴的中国梦而勤奋学习、努力奋斗的动力源泉。

青少年朝气蓬勃，是全社会最具活力、最具创造性的群体。"世界是你们的，也是我们的，但是归根结底是你们的，你们青年人朝气蓬勃，正在兴旺时期，好像早晨八九点钟的太阳。希望寄托在你们身上。"60多年前毛泽东同志的激情勉励言犹在耳。在实现中国梦的征途上，新时代的青少年必堪当重任，有所作为，不负时代！

编　者

2023 年 6 月

目 录

第三编　解放思想、锐意进取

第四编　自信自强、守正创新

第一编

浴血奋战、百折不挠

　　"为有牺牲多壮志，敢教日月换新天。"回顾新民主主义革命时期中国青年运动波澜壮阔的历史进程，我们可以清晰看到，追求民族独立、人民解放始终是中国青年运动的主线，坚定不移听党话、跟党走始终是中国青年运动的信念，不怕牺牲、不惧艰辛、顽强斗争始终是中国青年运动的精神。数以千万计的青年前仆后继，他们主动把自己的人生奋斗与国家的前途命运结合起来，为争得民族独立和人民解放奉献出了宝贵的青春年华甚至年轻的生命，在血与火的考验中，书写了壮丽而无悔的人生篇章。

1 觉醒年代

"四万万人齐下泪，天涯何处是神州？"谭嗣同的诗句，喊出了近代有识之士的共同心声。纵使黑夜漫漫，却也无法阻挡黎明的曙光。20世纪初，俄国十月革命一声炮响，给中国送来了马克思列宁主义。巴黎和会上中国外交的失败，直接导致伟大的五四爱国运动爆发。五四运动让中国人民开始觉醒，播下了马克思主义思想的火种，为中国共产党的创立奠定了基础。

有人说，中国是带着首都北京（京师）被八国联军侵占的耻辱进入20世纪的。那个时候，在帝国主义和封建势力双重压迫之下，民众面对的只能是无尽的屈辱、无数的苦难。但是，有着灿烂文明历史的中华民族，绝不甘于此等屈辱苦难，反抗和斗争是必然的。

近代以来，中国人民的反抗和斗争未曾间断过，如太平天国运动、义和团运动等等。1911年，孙中山领导的辛亥革命推翻了清政府腐朽统治，以巨大震撼力、影响力推动了中国社会变革。然而，辛亥革命的胜利果实却落在了帝国主义的代理人手里。"二十一条"、袁世凯称帝、张勋复辟、军阀混战等等，"国家的情况一天一天坏，环境迫使人们活不下去。怀疑产生了，增长了，发展了"（毛泽东《论人民民主专政》）。

别无他法，只能继续寻找新的出路。

1915 年，以陈独秀创办《新青年》为标志，新文化运动开始了。运动初期虽掀起了解放思想的潮流，但从本质上来说，这只是资产阶级的新文化反对封建阶级的旧文化的斗争，所追求的并不是全体人民的彻底解放。此间，资本主义也因第一次世界大战所暴露出的固有的尖锐矛盾，使得诸多原本向往之人也产生了怀疑和失望。青年毛泽东曾说，东方思想固然不切于实际生活，西方思想亦未必尽是，其许多内容都应与东方思想一起改造。

看历史，会看到前途。俄国十月革命一声炮响，震惊整个世界，特别是对急于寻找出路的中国人产生了极为强烈的影响。此前虽有不少关于马克思主义的介绍，但这一次，由书本上的内容变成了活生生的现实，在穷尽各种办法之后的中国人，不得不认真对待这有可能改变自身和国家命运的学说——马克思主义。

"试看将来的环球，必是赤旗的世界！"以李大钊为代表的先进分子率先举起了十月革命旗帜，他先后发表了

《庶民的胜利》《布尔什维主义的胜利》等文章，对这场新的伟大革命加以讴歌、传播。

接受马克思主义的进步青年和群体也越来越多，随着斗争实践的深入，中国早期先进分子逐渐转向了马克思主义，这不是为谁所左右的，而是在无数的斗争和比较之后，作出的抉择、得出的必然。

一百多年前的中国，处于一个共和派、保皇派、复古派、自由主义、无政府主义、社会主义、马克思主义等多种思想交锋的年代，那是一个多数国民仍然蒙昧的昏暗年代。但那更是一个虽然民族濒临危亡但也暗藏磅礴力量的觉醒年代，因为有那样一批青年在探索救亡图存之道。

历史，在曲折迂回中演进，也在酝酿着一场更剧烈的革命风暴。

人民英雄纪念碑上的五四运动浮雕

"长夜难明赤县天，百年魔怪舞翩跹。"巴黎和会上的外交失败，让中国人民彻底看清了帝国主义列强联合欺压中国的本质，激起了中国青年和民众的群体救亡。

"中国的土地可以征服而不可以断送！中国的人民可以杀戮而不可以低头！国亡了！同胞们起来呀！"1919年5月4日，北京大学、北京高等师范学校等13所高校的3000多名学生，冲破军警的重重阻挠，到天安门前集会演讲，后举行游行示威，提出"外争主权、内除国贼""取消二十一条""拒绝和约签字"等口号，同时要求惩办亲日派官僚曹汝霖、章宗祥、陆宗舆。游行队伍向东交民巷进发时，遭到使馆巡捕的阻拦，折向赵家楼胡同曹汝霖的住宅。学生冲入曹宅，曹汝霖急忙躲起来，正在该处的章宗祥受到学生痛打，曹宅也被焚烧，军警当场逮捕了30多名学生。

北京学生实行罢课，通电全国表示抗议，北京学生爱国运动的影响迅速扩大。天津、上海、长沙、广州等城市和各地人民纷纷举行示威。在国外的中国留学生和华侨也展开了爱国活动。在全国人民的强烈反对下，中国代表团终于拒绝在对德和约上签字。

五四运动，拉开了中国青年运动的序幕，是中国青年的一次伟大觉醒，涌现出一批为追求民族独立和国家富强而积极探求救国救民真理的先进分子。1919年那一年，陈独秀40岁，鲁迅38岁，李大钊30岁，毛泽东26岁，蔡和森24岁，周恩来21岁，陈延年21岁，陈乔年17岁，邓小平 15 岁……

正是这样一批青年，他们留给后人无数的精神财富，激励着后来者为民族为国家奋斗！

在这场伟大斗争中，很多进步青年真正开始走入民间、走向群众，他们中的很多人后来逐渐成长为党的早期骨干。毛泽东曾鲜明而深刻地指出，"'五四'以来，中国青年们起了什么作用呢？起了某种先锋队的作用""就是带头作用，就是站在革命队伍的前头"。五四运动改变了以往只有觉悟的革命者而缺少觉醒的人民大众的斗争状况，实现了中国人民和中华民族自鸦片战争以来第一次全面觉醒。

知识拓展

五四运动在江西

1919 年 5 月 4 日，北京爆发了学生反帝爱国运动。5 月 7 日，南昌市中等以上学校的学生代表在百花洲沈文肃公祠开会，讨论声援办法。会议决定，5 月 12 日组织游行警告团，向江西当局请愿，以声援北京学生运动。

5 月 12 日上午，南昌市 17 所大中学校学生 3000 余人组成的游行队伍从皇殿侧公共体育场出发，先后到省议会、督军公署、省长公署、省教育厅、省总商会请愿，要求立即致电北京，释放被捕北京学生，拒绝在《巴黎和约》上签字。

九江的声援活动虽然受到军政当局的阻挠，但由于学生注意斗争策略，爱国运动仍然开展得十分激烈。"九江排日运动之烈，与上海无殊。传单到处皆是，学界激昂最甚，商界似尚不十分注意""此间日人汽船营业大坏，只有华客三十人，客货是可谓全无，船上华人船员，咸有去意"。

在南昌、九江学生声援活动的带动下，全省反帝爱国运动很快开展起来，各地进步教员和青年学生纷纷举行集会游行，社会各界以不同方式进行斗争。

5月25日，江西学生联合会在南昌成立，标志着江西的学生运动由分散走向统一，朝着有组织、有领导的方向深入发展。6月4日下午，江西学联在省教育会召开全体职员大会，表示江西学生"自当与京、沪学生取一致行动，藉张民气"。会议决定，6月5日南昌各校罢课。在学生的压力下，江西督军陈光远与省长戚扬向北京北洋政府发电报，一方面表示要镇压学生爱国运动的指示，严禁学生罢课集会；另一方面又代为陈述学生的爱国要求，并对学生的爱国行动表示了肯定。

在学生运动的鼓动下，全省各界都参与到爱国运动中来，进行了抵制日货、救济南浔铁路、米禁斗争、声援济南血案、声援闽案等运动，并在8月中旬成立了江西省各界联合会。在这些斗争中，工人阶级作为一支独立的力量登上了历史舞台。

（选自《中国共产党100年江西简史》，江西人民出版社2021年版，有删改）

2 一大代表的青春传奇

中国共产党的诞生，犹如一道曙光划破漆黑的夜空，闪耀在东方浩瀚的天际。正是党这盏指路明灯，为中华民族扭转了乾坤，指明了航向，中国革命史由此翻开了崭新一页。

中国共产党诞生至今已过百年，她从创立时起就将青年人作为推进伟大社会革命与伟大自我革命的有生力量。青年人是社会上思想最为活跃的群体之一，是引领时代潮流的先锋力量，也是中国共产党永葆青春的奥秘所在。

历经五四运动洗礼的一大批中国先进分子，他们集合在马克思主义旗帜下，成为早期中国共产党的创建者和中国革命的中坚力量。1921 年 7 月，党的第一次全国代表大会（简称"一大"）的召开宣告中国共产党正式成立。中国产生了共产党，这是中华民族发展史上开天辟地的大事变，深刻改变了近代以来中华民族发展的方向和进程，深刻改变了中国人民和中华民族的前途和命运，也深刻改变了世界发展的趋势和格局。

然而，堪称"开天辟地"的中共一大，却是一场年轻人的会议。与会的13人平均年龄28岁，正巧是出席者之一毛泽东当年的年龄。

遥想当年，他们何等热血沸腾！他们要以年轻人的心气，去改天换地！"恰同学少年，风华正茂。"刘仁静出席中共一大时年仅19岁，是中共一大最年轻的代表。邓恩铭参加中共一大时年方20岁，他是中共一大13名代表中唯一在校就读的中学生，也是代表中唯一的少数民族（水族）代表；23岁的代表王瑞俊为了坚定实现尽善尽美的共产主义崇高理想而献身革命的信心和决心，把原名王瑞俊改成了王尽美，并在《肇在造化——赠友人》的诗中写道："贫富阶级见疆场，尽善尽美唯解放。潍水泥沙通入海，乔有麓下看沧桑。"王尽美终日为革命奔波，积劳成疾，感染了肺结核，然而坚定的信仰支撑他拖着病体，坚持投身革命活动。

中共一大代表李达与妻子王会悟新婚不久，就忙于联系各地代表、组织会议、翻译马克思主义著作……中共一大召开，会场布置、代表吃住、望风预警这些工作是谁做的呢？全由一位女性负责，她正是王会悟。会议在上海召开期间，代表们在博文女校的吃住全部由王会悟负责。在一大上海会场受到法租界巡捕搜查后，有人提议转移到杭

毛泽东（长沙）　董必武（武汉）　邓恩铭（济南）　李达（上海）　包惠僧（广州）

张国焘（北京）　周佛海（旅日）　何叔衡（长沙）　陈潭秋（武汉）　王尽美（济南）

李汉俊（上海）　陈公博（广州）　刘仁静（北京）

中共一大 13 位代表

州，但王会悟认为，杭州官商云集，十分危险，建议去她的家乡嘉兴南湖，那里离上海较近也相对安全。会议转移到南湖后，代表们的接送、南湖游船的租赁也都是由王会悟承担的。可以说，中共一大的成功召开，王会悟这位"后勤部长"功不可没，尽管她当时只是一名女青年团员。后人评价她是"开天辟地一女杰"。

中国共产党的成立，完全可以称得上是由年轻人主导的事业，他们用青春和生命为中国革命事业开天辟地，为中国这片希望之土点燃了星星之火，展示了第一代中国共产党人身上的青春精神、青春气概。正如金一南教授在《苦难辉煌》中所写到的，"那是一个年纪轻轻就干大事的时代。……需要热血的时代，便只能是年轻人的时代"。

一百多年前，一群新青年高举马克思主义思想火炬，在风雨如晦的中国苦苦探寻民族复兴的前途。中国共产党的先驱们创建了中国共产党，形成了"坚持真理、坚守理想，践行初心、担当使命，不怕牺牲、英勇斗争，对党忠诚、不负人民"的伟大建党精神。

伟大建党精神是中国共产党人精神谱系和奋进史诗的壮丽开篇，孕育了中国共产党人创造历史奇迹的精神密码，深刻标注了中国共产党"从哪里来"的历史基因，标定了"到哪里去"的目标指向，更呈现了"怎么去做"的实践品格，为中国共产党人注入了真理的力量、信仰的力量、实践的力量与奋进的力量。

历经百年风雨，中国共产党并没有像一个人那样老去，而是始终充满生机活力，依然焕发着当初的青年奋斗精神。

时代变迁，精神永恒。一百多年来，在中国共产党的旗帜下，一代代中国青年把青春奋斗融入党和人民事业，成为实现中华民族伟大复兴的先锋力量。无数中国青年前赴后继，以壮美青春投入革命伟业，用热血浇灌理想，以担当成就事业，以赤诚赢得胜利。

未来属于青年，希望寄予青年。列宁说过，"我们是未来的党，而未来是属于青年的。我们是革新者的党，而总是青年更乐于跟着革新者走。我们是跟腐朽的旧事物进行忘我斗争的党，而总是青年首先投身到忘我斗争中去"。新时代的中国青年要继续弘扬光荣传统、赓续伟大建党精神，以实现中华民族伟大复兴为己任，增强做中国人的志气、骨气和底气，不负时代，不负韶华，不负党和人民的殷切期望，为中华民族伟大复兴而不懈奋斗！

知识拓展

赣南第一个中共党组织的建立

20 世纪初，赣南与全国各地一样，属于半殖民地半封建社会，帝国主义、封建主义、官僚资本主义这三座大山沉重地压在赣南人民身上。特别是北洋军阀与帝国主义势力和封建地主阶级相勾结后，赣南人民犹如身陷茫茫黑夜，受着残酷压迫和剥削，生活惨不忍睹。"禾镰挂上壁，锅里没米煮"，就是当年赣南人民贫苦生活的真实写照。

1926 年 6 月，中共江西地委和团地委为迎接广东的北伐军进军江西，派出一批党团员到各地建立共产党和共青团组织，同时帮助建立国民党组织。被派到赣南的是曾天宇和朱由铿两人，他们的公开身份是国民党江西省党部特派员。7 月，曾天宇和朱由铿到赣州后，开始筹建国民党赣县党部，因反对军阀向商界勒捐，被军阀邓如琢发现，曾天宇在赣州被捕入狱（后被营救出狱），朱由铿被迫避往广东南雄县（今南雄市），与南雄县总工会委员长陈赞贤会合，两人即共同商定，重返赣州，创建党组织。

7 月间，陈赞贤到广州向中华全国总工会副委员长刘少奇汇报工作后，被委派为中华全国总工会特派员，回江西工作。8 月初，陈赞贤与朱由铿回到赣州。他们以陈赞贤的老师丘恩华办的律师事务所为掩护，秘密开展活动。不久，他们又与在上海入党后奉命回乡开展革命活动的赣县籍青年学生谢学琅接上关系。随后，他们在赣州城内大新开路的黄家祠堂开会，会上作出了历史性的庄严决定，正式创建中国共产党在赣南的第一个地方组织——中共赣州支部，朱由铿任书记，陈赞贤、谢学琅分别担任支部组织干事、宣传干事，隶属中共江西地委领导，机关设在赣州城大新开路黄家祠堂。从此，赣南人民的革命斗争进入由中国共产党领导的新阶段。

1926 年 9 月，随着北伐军胜利进占赣南，当地的工农群众运动进入高潮，党的组织和党领导的革命队伍迅速扩大和发展。10 月初，为加强党对革命运动的领导，中共江西地委决定，在赣州支部的基础上成立赣州特支，陈赞贤任书记，机关驻赣州西街（今章贡区西津路）广东会馆。这是赣南第一个党的地级领导机构。

3 用青春描绘井冈红

井冈山，位于湘赣边界罗霄山脉中段，以"中国革命的摇篮"著称于世。1927 年秋，面对大革命失败后的腥风血雨，以毛泽东为代表的中国共产党人在此建立的第一个农村革命根据地，点燃了工农武装割据的星星之火，开始了农村包围城市道路的伟大探索。其间，共青团在党的领导下，踊跃参加战斗，努力融入根据地的各项工作中，为捍卫红色政权，为井冈山革命根据地的创立建成及巩固发展作出了重大贡献。

大革命期间，湘赣边界的一些进步青年根据国共两党合作协议，以个人身份加入国民党。如永新的欧阳洛、莲花的朱亦岳、宁冈的龙超清、茶陵的杨孔万等，他们加入国民党后，以国民党特派员的身份，在本县成立国民党县党部，并任县党部书记，从而掌握了工农运动的领导权。他们积极培养骨干，发展共产党员、共青团员，建立党、团各级组织。仅 1926 年间，湘赣边界就先后建立了永新、宁冈、莲花、茶陵等县的党支部，酃（líng）县（今湖南炎陵县）、遂川两县特支，在共青团兼任领导人的共产党人，如杨孔万、欧阳洛、龙超清、朱亦岳、李却非、陈正人等分别担任这几个县的支部书记或特支书记。

1927 年初，永新县建立了中国共产主义青年团永新支部，隶属共青团吉安地委，共产党员贺子珍任书记。在她的领导下，1927 年 5 月，中共永新临时县委成立后，共青团永新临时县委也随后成立，贺子珍任临时县委书记。这时，不少永新籍青年学生在寻求革命真理的过程中加入中国共产党或中国共产主义青年团，回到家乡点燃永新革命斗争的烈火。

轰轰烈烈的大革命失败后，革命形势陡然逆转。此时井冈山地区团的组织同党的组织一样，大部分因受敌人打

井冈山"井冈红旗"雕塑

击而遭受严重损失。直至1927年10月，毛泽东率领工农革命军最终选定井冈山地区作为部队落脚点，并成立遂川、宁冈、永新等县苏维埃政府，井冈山地区共青团组织才得以恢复并有了新的发展。

1928年2月18日，工农革命军攻克了宁冈县治新城，推翻了国民党县政权。不久后，第一届中国共产主义青年团宁冈县委员会在龙市成立，选举赵锦元、肖文范、肖子南、徐奎焕、肖铁平、赖以遵、谢瞻石7人为委员。团县委建立后，全县4个区39个乡，区有区委，乡建立团支部。4月，井冈山会师后，红四军军委抽调一批共青团员来宁冈帮助共青团开展工作，全县区、乡工作迅速开展，共青团组织教育和发动广大团员打土豪分田地，建立政权，参军参战，支援前线，在各项工作中起到了模范带头作用，并普遍地组织少年先锋队、儿童团。

井冈山革命根据地创建后，国民党多次派兵来"进剿"和"会剿"。为保卫胜利果实，井冈山共青团在党的直接领导下，团结广大军民与之开展了不屈不挠的斗争。支援战争的青年（含党员、团员）从组织编成上大体可分为两部分：一是部队年轻的战士；二是井冈山区的各县青少年。

井冈山地区的共青团除协助党做好发动群众打土豪分田地、建立政权、参军参战、支援前线外，还常被派往敌占区侦察敌情。1928年8月，国民党军趁红军主力远赴湘南作战之际，大举进攻井冈山革命根据地。这时除大小五井和九陇山区的小部分根据地得以保持外，井冈山根据地各县大部被敌占领。为了解敌情，宁冈团县委便派人赶往敌占区的古城、白石、蕉陂等地侦察。

1929年2月上旬，井冈山在第三次反"会剿"中因敌我力量悬殊而失败，为保存实力，中共湘赣边界特委部分领导和湘赣边界共青团特委的干部，带领集结后的部分官兵转入深山密林中一边坚持战斗，一边寻找和收容战斗中失散的革命同志。在半个多月的时间里，宁冈团县委率领的部分赤卫队员，驻守在靠近湖南酃县的雷公坳一个独土屋，一个个衣服单薄且破烂不堪。棉衣袜子无法解决，团县委就组织大家日夜烧火塘取暖，并发动大家寻找一些棕壳包裹双足。尽管形势十分严峻，生活极度艰苦，但他们的革命意志坚如钢铁。在这次战役中，彭儒、段子英、伍春林等共青团员饱受了精神和肉体上的折磨，吴月娥、聂槐妆、龙关秀等许多共青团员更是献出了宝贵的生命。

此外，边界青年团还积极投身根据地的其他工作中。共青团在党的领导下，紧紧围绕革命的需要，不断调整工作重点，积极主动地融入根据地建设的具体工作中。1928年9月中旬，共青团宁冈县第二次代表大会在茅坪鹅石召开，选举产生第二届共青团宁冈县委员会。此次会议的工作重点为整顿团组织，扩大少先队、儿童团，协助党建立巩固的乡村苏维埃政权，大搞宣传，办识字班，开展文化学习。

井冈山斗争时期，共青团工作富有成效、深得民心，对井冈山根据地的创建、巩固和发展都作出了重要贡献。

知识拓展

井冈山革命根据地的创建

井冈山革命根据地是土地革命战争时期，中国共产党在江西、湖南两省边界罗霄山脉中段创建的第一个农村革命根据地。1927年10月，毛泽东率领湘赣边界秋收起义的工农革命军到达罗霄山脉中段的井冈山地区，进行游击战争，开展土地革命，恢复与建立共产党的组织，建立革命政权和赤卫队。与此同时，经过团结、教育、改造工作，至1928年2月底，包括宁冈全县，遂川西北部，永新、酃县、茶陵等县部分地区的井冈山革命根据地初步建成。

在巩固和发展井冈山革命根据地的斗争实践中，红军探索形成了根据地建设的一系列重要经验，形成了以"坚定执着追理想，实事求是闯新路，艰苦奋斗攻难关，依靠群众求胜利"为主要内涵的井冈山精神，对中国革命产生了重大而深远的影响。

井冈山革命根据地的建立，点燃了"工农武装割据"的星星之火，中国革命的中心工作完成了从城市到农村的伟大战略转移，开辟了农村包围城市、武装夺取政权的崭新道路。

4 少共国际师

中央苏区时期，曾活跃着一支特殊队伍——少共国际师。这支队伍以初生牛犊不怕虎的斗争精神，立下赫赫战功，为保卫苏维埃革命果实与中央红军战略转移作出了重大贡献与牺牲。

"少共国际师"是国际共产主义运动史上一个重要的国际联合组织。它于1919年11月在柏林秘密成立，由当时的第三国际领导。起初有14个国家参加建立少共国际师，后来随着国际形势的变化，少共国际师又在56个国家建立了支部。

中国共产党领导下的青年团组织成立后，也发起成立了少共国际师。与其他国家的少共国际师不同，中国的少共国际师是参与作战的，其作战序列一直保留在红军内部。而其他国家的少共国际师只是参与一些后勤保障工作，不参与大规模的作战。从这个意义上说，中国的少共国际师是具有开创性意义的。

第四次"围剿"失败后，蒋介石重新纠集百万大军准备第五次"围剿"红军。面对大敌压境的艰难境况，红军决定尽可能地扩招兵力，以适应即将到来的大规模作战。

1933 年 5 月，红军总政治部在江西召开全军青年工作会议，提出在苏区建立少共国际师的建议。为此，中国共产主义青年团中央局（简称"少共中央局"）专门召开会议进行讨论，并于 5 月 20 日作出《关于创立"少共国际师"的决定》。

7 月 9 日，中央号召青少年积极参与少共国际师的创立，并鼓励少先队员、共青团员踊跃参军。由此，一个为少共国际师输送兵源的红色热潮，在苏区各地席卷开来。在通知仅发出 20 天后，希望加入少共国际师的青少年就达 3000 多人，这还不算少先队员的人数。

在各地苏区的积极筹备下，组建少共国际师的任务基本完成。1933 年 8 月 5 日，中国工农红军少共国际师在博生县（今宁都县）正式成立，中央军委、少共中央局、中共江西省委、江西军区、少共福建省委联合举行了规模盛大的誓师大会。

中革军委任命陈光为少共国际师首任师长，冯文彬为首任政治委员。按照原定计划，少共国际师编入中国工农红军第五军团第十五师。这支部队下辖三个团，全师官兵总共 11000 余人。

少共国际师的前后四任师长都是二十几岁的年纪，第四任师长是吴高群，牺牲时年仅23岁。担任少共国际师政委的萧华，当时只有17岁，事实上这位兴国伢子在13岁时就担任少共县委书记了。"年轻的干部带年轻的兵，这样部队更有朝气！"周恩来通知萧华调任少共国际师担任政委时，曾这样对他说。

红军时期的萧华

1934年春，根据中革军委命令，少共国际师改编为红十五师，但人们仍习惯地称它为少共国际师。这支队伍一次次挫败了敌人的军事"围剿"，打出了赫赫威名。在闽北邵武的拿口，少共国际师打了第一仗，歼敌500余人，之后，又奉命参加了惨烈的团村战役、大寨脑防守战、驿前防御战、石城阻击战等，仗仗打得残酷壮烈。然而，持续一年多的激烈战斗后，部队伤亡严重，锐减至不到3000人。

1934年10月，由于第五次反"围剿"失败，中央红军主力被迫长征，少共国际师奉命担负掩护中央纵队的任务。湘江战役是红军长征以来最惨烈、最悲壮的一仗。经此一役，中央红军由8万多人锐减至3万余人，少共国际师减员也十分严重。虽付出惨重代价，但成功实现了中央的战略意图。"少年有志报神州，一万虎犊带吴钩。浴血闽赣锐无敌，长征路上显身手。"萧华《忆少共国际师》一诗对此有深情的回忆。

1935年2月10日，因红军减员严重，为提升战斗力，使部队更精干、便于指挥作战，中革军委对红军进行了整编，少共国际师番号被撤销，余部合并到红一军团。至此，少共国际师走完了短暂而光辉的历程。

少共国际师战功赫赫，影响巨大，其指战员一直是我军骨干。1955年新中国首次授予军衔，开国将帅中有17位出自少共国际师，其中萧华、彭绍辉被授予上将军衔，曹里怀、陈正湘被授予中将军衔，孙文采、江拥辉等13位被授予少将军衔。

知识拓展

《长征组歌》

1934年10月至1935年10月，中央红军进行了史无前例的长征。中央红军以超乎寻常的毅力，战胜了几十万国民党反动军队的围追堵截，越过了人迹罕至的雪山、草地，经历11个省、约二万五千里的征途，终于到达目的地陕北。

1965年，为纪念中央红军长征胜利30周年，曾参加过长征的萧华将军回顾他在长征中的真实经历，历时半年，完成了12首形象鲜明、感情真挚的史诗。随后，作曲家晨耕、生茂、唐轲、遇秋选择其中的 10 首谱成了组歌，分别描绘了 10 个环环相扣的战斗生活场面，并巧妙地把各地区的民间曲调与红军传统歌曲的曲调融合在一起，最终汇成了一部主题鲜明、内容丰富、形式新颖、风格独特的大型声乐套曲——《长征组歌》。

整个组歌共分为《告别》《突破封锁线》《遵义会议放光辉》《四渡赤水出奇兵》《飞越大渡河》《过雪山草地》《到吴起镇》《祝捷》《报喜》《大会师》等 10 个部分，以深刻凝练的语言、优美动人的曲调、浓郁的民族风格和为群众喜闻乐见的艺术表演形式，讴歌了中国工农红军在党中央毛主席的领导下，不屈不挠、无私无畏的革命精神，歌颂了红军指战员艰苦卓绝、英勇奋战的英雄气概，颂扬了中国革命史中具有传奇色彩的二万五千里长征。

几十年过去了，《长征组歌》已经伴随了几代人的成长，其中的许多唱段家喻户晓，传唱至今。在这熟悉的旋律中，闪动的是真正的激情和最美的革命浪漫主义精神。

5 一二九运动：动员全民族抗战的运动

1935 年 12 月 9 日，一场声势浩大的爱国运动在古都北平（今北京）爆发，青年学生发出了抗日救国、救亡图存的时代强音，史称一二九运动。一二九运动揭露了日本吞并华北、侵略中国的阴谋，打击了南京国民政府的妥协投降政策，促进了民族觉醒，掀起了中国革命运动的新高潮，开辟了与工农大众相结合的青年学生运动的正确方向，是中国学生运动史上的光辉篇章。

1931 年九一八事变以来，日本帝国主义得寸进尺，步步紧逼，对华侵略日趋猖獗。

面对深重的民族危机，国民党政府一方面对日本侵略者继续奉行一贯的妥协退让方针，另一方面继续执行"攘外必先安内"的反动政策，调集力量"围剿"红军。与此同时还对人民抗日救亡的思想和行动进行残暴无情的压制。整个国统区笼罩在"爱国有罪，冤狱遍于国中；卖国有赏，汉奸弹冠相庆"的黑暗中。

这奴颜婢膝、丧权辱国的一幕幕场景，令青年学生压抑已久的爱国情怀如火山般——爆发了。一二九运动正是一场应时而来、因势而动、顺势而为的在中国共产党光辉指引下的爱国主义行动。

1935年8月1日，中共驻共产国际代表团草拟《中国苏维埃政府、中国共产党中央为抗日救国告全国同胞书》（即《八一宣言》），不久公开发表。《八一宣言》突出强调"抗日则生，不抗日则死，抗日救国，已成为每个同胞的神圣天职"，呼吁全国各党派、各界同胞、各军队都应有"兄

一二九运动的游行队伍

弟阋墙，外御其侮"的真诚觉悟，停止内战，集中一切国力共同抗日。宣言的公开发表，有力促进了中国各民族、各阶层人民对抗战时局的清醒认识，特别是让无数进步青年学生自觉自愿地了解并接受了中国共产党正确的抗日救国主张。

1935年，中共北方局与河北省委要求重点在北平、天津两市的学生和知识分子中广泛发动和开展抗日救亡活动，在其指示下北平各大中学校普遍建立公开的群众抗日救亡团体——中华民族武装自卫会（简称"武卫会"）。同年夏天，暴雨连绵，长江、黄河泛滥成灾，几百万灾民流离失所。上级党组织指示开展救灾活动，北平、天津各学校普遍以武卫会为核心开展赈济活动。赈灾救民行动受到全国各界群众的广泛同情和大力支持，同时团结了越来越多的爱国青年。8月，北平市大中学校学生黄河水灾赈济联合会（简称"赈济会"）成立，并在国民党当局备案，取得了合法地位。尔后东北大学、清华大学、北京大学、北平市立女一中等学校先后成立了分会，赈灾救民活动更广泛地开展起来。为向国民党提出抗日民主的要求，11月1日，各校学生代表在天津《大公报》上共同发表《为抗日救国争自由宣言》。11月18日，在赈济会的基础上，成立北平大中学校学生联合会（简称"学联"），主席由市立女一中的共青团员郭明秋担任，秘书长是清华大学的共产党员姚依林。通过筹建学联，中国共产党切实有效地把北平各学校的进步青年紧密地团结在一起了。

为反对国民党当局成立向日本绥靖的"冀察政务委员会"，12月7日，中共北平临时市委召开会议，决定由北平学联领导发动学生向国民党当局请愿，要求抗日救国的民主、自由权利。12月9日，在中共北平临时市委、学联领导下，北平各大中学校学生数千人举行抗日救国游行，爱国学生的抗日热情像火山一样喷涌爆发。但在国民党当局的武力镇压下，游行示威队伍被冲散，当场就有数十人被捕。12月16日清晨，北平学联又组织1万余名爱国学生走上街头，举行抗日救亡大示威，声势也更浩大。学生们奋力高喊"打倒日本帝国主义!""打倒汉奸卖国贼!""反对成立冀察政务委员会!"等口号，并召开市民大会。不幸的是游行示威运动仍被反动当局凶残镇压，数十名学生被捕，多名学生受伤。

一二九运动的抗日怒吼，震撼古都北平，也传遍海内外，抗日救亡烈火在全国各地熊熊燃烧起来。从12月11日起，北平市各大中学校学生联合起来罢课，天津、太原、西安、济南、杭州、上海、南京、武汉、成都、重庆、广州等30多座城市的学生相继举行声势浩大的抗日集会和示威游行。18日，北大、清华等6所大学的校长联名要求释放被捕学生。同日，中华全国总工会紧急呼吁号召全国工人援助学生救国运动，由此，各地工人纷纷召集群众会议，举行罢工，支持学生斗争。宋庆龄从上海寄给北平学联100多元钱以示支持；邹韬奋盛赞北平学生是"大众运动的急先锋，民族解放前途的曙光"；鲁迅撰文高度赞扬学生的爱国精神，并寄以"石在，火种是不会绝的"殷切希望；陶行知、章乃器、李公朴等爱国知名人士也纷纷表示支持。

在北平学生爱国运动影响下，全国各地学生群起响应，海外华侨也以各种方式支援学生，世界学生联合会对中国学生抗日救亡运动也通电大力声援。一时间，抗日号角响彻神州大地。

一二九运动中的知识青年，走上与工农相结合的道路，为抗日战争和中国革命事业准备了一批骨干力量。正如毛泽东同志在延安各界纪念一二九运动四周年大会的讲话中指出："红军同志完成了这么伟大的长征，学生同志在北平发动了这样伟大的救亡运动，两者都是为解放民族和解放人民而斗争，其直接意义都是推动抗日战争。"他总结说，一二九运动是"动员全民族抗战的运动，它准备了抗战的思想，准备了抗战的人心，准备了抗战的干部""将成为中国历史上的一个非常重要的纪念"。

知识拓展

抗日斗争中的北平地下党组织

从 1931 年九一八事变到 1945 年抗战胜利，中共北平地下党组织领导民众进行了艰苦卓绝的抗日斗争。北平沦陷之前，地下党组织领导学生开展了轰轰烈烈的抗日救亡运动。1937

年七七事变后，北平成为抗日的前线。地下党组织不但指导民众抗战，还组织了秘密交通联络站，直接领导军民在平北、平西等地开展游击战争，为抗日战争的胜利作出了卓越的贡献。

九一八事变后，北平抗日救亡运动热情日益高涨，爱国学生为抗日救国先后赴南京请愿示威。至 12 月中旬，先后 5 批共 26 个学校 5000 余名学生南下。12 月 17 日，示威团联络各地赴南京学生共万余人举行联合总示威。示威队伍沿途张贴标语，散发传单，高呼抗日口号，行至珍珠桥时遭到军警拦截捕杀，当场死伤多人，被捕 60 余人，史称"南京珍珠桥惨案"。之后各地学生被强行赶出南京。

1935 年，日本侵略军蚕食华北，在冀东扶植成立伪政权，妄图把华北变为伪满洲国第二。此时的北平，成为民族抗日的前线。为反对日本侵占华北，中共发表了《八一宣言》，正确分析形势，号召一切不愿做亡国奴的同胞们，团结在抗日民族统一战线的旗帜下，并提出了《抗日救国十大纲领》。中共中央北方局积极支持和领导了学生的爱国运动。北平地下党组织领导北平 15 所学校发表联合宣言、《民族解放先锋队成立宣言》，同时还举行了一系列反日活动。

1936 年 9 月，中共北平市工作委员会根据北方局和河北省委的指示，成立了北平大中学校救济会，团结广大学生，以合法的活动开展抗日救亡斗争。河北省委还将中共北平市工委改为中共北平临时市委，派省委特派员李常青担任书记，他与彭涛、周小舟等人积极领导发动北平学生的抗日救亡运动，发动了一二九运动，掀起了全国抗日救亡的热潮。

6 第二条战线：正义与反动的尖锐斗争

第二条战线，是毛泽东1947年5月对国民党统治区人民运动的评价。这场人民运动是党领导的、以学生群众为先锋的爱国民主力量同国民党政府之间的斗争。通过这场运动，形成了配合人民解放军作战的第二条战线，使国民党统治集团深陷革命力量两面夹击的境地，彻底失败已成必然。

2019年4月30日，习近平总书记在纪念五四运动100周年大会上指出："中国青年满怀对祖国和人民的赤子之心，积极投身党领导的革命、建设、改革伟大事业，为人民战斗、为祖国献身、为幸福生活奋斗，把最美好的青春献给祖国和人民，谱写了一曲又一曲壮丽的青春之歌。"全国解放战争中，第二条战线的形成和发展，就是中国青年"为人民战斗、为祖国献身、为幸福生活奋斗"的生动展现。

抗议美军暴行

全民族抗日战争胜利之后，全国人民最渴望、最期待的事情是建设一个新中国。当时，中国共产党顺应民意，提出和平、民主、团结三大口号，蒋介石却企图重启内战，利用美国优势装备，消灭中国共产党和人民军队。当时，美国不仅经济上入侵中国，还任由驻华美军以"占领者"姿态在中华大地上横行霸道。1945年8月至1946年11月，上海、南京、北平、天津、青岛等地，至少发生3800起美军暴行。

国民党政府的反动行径和美军暴行，令人无比愤怒。1946年12月，在北平发生驻华美军强奸女大学生事件，成为引发抗议美军暴行运动的导火线。中国人民无法忍受的是，打败日本侵略者后，又看到其他外国列强无视中国主权，无视中华民族的尊严和利益。

事件发生后，中共晋察冀中央局迅速行动起来，领导北平学委组织了一场声势浩大的抗议美军暴行运动。12月30日，北京各学校共5000余人高呼"美军滚出去""美军退出中国""维护主权独立"等口号，要求严惩暴徒，赔偿损失，公开道歉，撤出美国驻军。随后，运动迅速扩展至全国。

当时，中共中央连续发出指示，要求各大城市地下党组织积极领导斗争，彻底揭露国民党当局的卖国和内战面目。在党中央的正确领导下，北平的抗议美军暴行运动很快发展成一个席卷全国的反对美军暴行和"要吃饭，要和平，要自由"的大规模群众运动。从 1946 年 12 月底到 1947 年 1 月初，天津、上海、南京、开封、重庆、昆明、武汉、广州、杭州、苏州、台北等几十个大中城市的 50 万名群众举行示威，要求美军退出中国，要求国民党政府改善人民生活、停止内战。

这场包括工人、农民、城市小资产阶级、民族资产阶级、开明士绅、其他爱国分子、少数民族和海外华侨在内的极其广泛的人民革命运动，使美国政府被迫宣布陆续撤离其驻北平、天津、青岛等地的军队，减少甚至一度中断对国民党政府的军事援助。从此，以学生群众为先锋的爱国民主力量同国民党政府之间的斗争，正式形成配合人民解放军作战的第二条战线。

"反饥饿、反内战、反迫害"

1947 年上半年，随着华东野战军在山东孟良崮战役中全歼国民党精锐主力整编第七十四师，人民解放战争取得不断胜利。中共中央发出关于在国民党统治区的工作方针和斗争策略的指示，要求国民党统治区的党组织"建立反卖国、反内战、反独裁与反特务恐怖的广大阵线"。根据中共中央指示，中共上海中央局和中共晋察冀中央局领导上海、南京、北平、天津等地的人民革命运动继续深入发展。

1947 年 5 月 20 日，在南京和北平同时发生国民党警察袭击、殴打爱国群众的血案，造成数十人重伤。五二〇血案发生后，国民党政府的暴行激怒了爱国学生。在中国共产党的领导和推动下，学生斗争进一步发展为"反饥饿、反内战、反迫害"运动。这一运动席卷全国 60 多个大中城市。社会各界和上层爱国民主人士，以各种形式支持和声援"反饥饿、反内战、反迫害"运动。

"反饥饿、反内战、反迫害"运动的高涨，推动了国民党统治区工人、农民、市民斗争的发展。1947 年，在全国主要工业城市，先后有 120 万工人举行罢工和游行活动，其中罢工达 3000 次。广大农民也发起抗粮、抗租、抗抓壮丁的反抗运动和农民起义，沉重打击了国民党政府。反对国民党政府暴政的农民武装遍及十余个省份，人数达数十万。

"反饥饿、反内战、反迫害"运动的发展表明，人民解放军的军事斗争和国民党统治区的人民运动相互结合，使中国革命走向新的高潮。中国共产党领导的人民民主统一战线已经比以往任何时期都更加广泛，更加巩固。正如毛泽东在当时为新华社写的评论中所指出的："和全民为敌的蒋介石政府，现在已经发现它自己处在全民的包围中。无论是在军事战线上，或者是在政治战线上，蒋介石政府都打了败仗，都已被它所宣布为敌人的力量所包围，并且想不出逃脱的办法。"

第二条战线的出现，是解放战争中人心大变动的结果。中国共产党得道多助，千千万万的爱国群众特别是青年学生，响应党的号召，为了爱国、民主和生存，毫无畏惧地反抗国民党政府，从而加速了国民党反动政府的分化瓦解。

📖 知识拓展

一二一运动

一二一运动是抗日战争胜利后国民党统治区青年学生在中国共产党领导下进行的一场"反内战、争民主"的爱国运动。1945 年 11 月，国民党政府撕毁《双十协定》，进攻解放区，遭到全国人民的反对。11 月 25 日，昆明的国立西南联合大学等校学生和社会人士 6000 余人，在西南联大图书馆广场举行反内战时事晚会，并邀请钱端升、伍启元、费孝通、潘大逵等教授作时事演讲，国民党当局派军队放枪恫吓，激起公愤。26 日起，昆明 30 余所学校学生联合罢课进行抗议。12 月 1 日，国民党军警特务百余人至各校殴打罢课学生，并投掷手榴弹，炸死南菁中学教师于再，西南联大学生潘琰、李鲁连，昆明工校学生张华昌等 4 人，重伤 20 余人，时称"昆明惨案"。惨案发生后全国各大中城市学生予以声援，掀起了全国的反内战、争民主运动。

第二编

自力更生、发愤图强

中华人民共和国的成立，开启了中华民族伟大复兴的历史新纪元。广大青年在中国共产党的路线、方针和政策的指引下，同全国人民一道，踏上了实施社会主义改造、建立社会主义制度、探索社会主义道路的新征程。社会主义建设时期的青年是艰苦奋斗的一代、乐于奉献的一代、理想闪光的一代。他们在帝国主义封锁的压力下，在国民经济困难的挑战中，紧密地团结在中国共产党的周围，万众一心，众志成城，致力于反击帝国主义的威胁和侵略，改变中国一穷二白的落后面貌，绘就了新中国绚烂而美丽的图画。

1 抗美援朝：英雄儿女驱虎豹

1950 年 6 月 25 日，朝鲜战争爆发。美国立即进行武装干涉，同时命令海军第七舰队侵入台湾海峡，公然干涉中国内政，阻挠中国统一大业。10 月初，美军悍然越过"三八线"，把战火烧到中朝边境，直接威胁新中国的国家安全。危急关头，朝鲜劳动党和政府请求中国出兵支援。10 月 19 日，中国人民志愿军跨过鸭绿江，开始了"抗美援朝，保家卫国"的伟大征程。朝鲜战场上，中国青年知识分子以骄人战绩奏响了辉煌壮丽的青春之歌，为抗美援朝胜利贡献了智慧和力量。

国有难，召必至，战必胜。朝鲜战争爆发后，在"抗美援朝，保家卫国"时代口号的感召下，不同行业、不同职业、不同面孔勠力同心，援助友邦，共御外侮，"打仗当英雄，劳动做模范"成为那一代人的共同追求。

那时，青年学生、知识分子秉持着国家至上、民族至上、人民至上的信念，积极参军参战，他们就像抗日战争时期背着行李、燃着希望奔赴延安一样，曾有"十万学生兵，披上新戎装，跨进军干校，掌握新武器，打击野心狼，卫国保家乡"的说法。抗美援朝近三年，全军共接收知识分子337383名。

当时，中美两国国力极其悬殊。在这样极不对称、极为艰难的情况下，中国人民志愿军要付出多少代价和牺牲，这是可想而知的。

抗美援朝战场上，知识型指战员出奇制胜，令以美国为首的"联合国军"屡尝败果。担任一一六师师长的汪洋，毕业于陕北公学。云山之战，中美王牌军首次对决，汪洋指挥3个团与美军短兵相接，白刃战、肉搏战打乱了侵略者的阵脚，创造了威武雄壮的战争伟业。纵观整个朝鲜战场，知识分子出身的军、师、团级指挥员，创造了不少经典战例。

临危考验忠贞、智慧。在后勤保障"打不断、炸不烂"的钢铁运输线上，知识型保障员同样智勇双全，常常让"联合国军"深感意外。有一次，在停战谈判桌上，当美军代表注意到就近的志愿军居然都穿上了新的冬装，脸上禁不住露出了惊讶的表情。当时，运送143万套冬装的火车受阻，志愿军司令部组织全军二线部队，实行长区段倒运。"学生兵"发明的"拉网式"清障法发挥了巨大作用，"联合国军"投掷大量的定时炸弹、蝴蝶炸弹、四角钉等破坏性武器被高效精准清理，使志愿军指战员入冬前领到了新冬装，彻底粉碎了敌人用持续不断、全面猛烈的大轰炸，切断志愿军后方补给线的企图。令敌人百思不得其解的是，志愿军物资运输量不但没有减少，反而大幅度增加。连美军将领范弗里特也不由得感叹："共产党以令人难以置信的顽强毅力，把物资送到前线，创造了惊人的奇迹。"

勇敢加技术是克敌制胜的不二法门。1951 年 11 月 18 日下午，60 多架 F-84 轰炸机向清川江大桥扑来——那里是朝鲜北方的铁路枢纽，王海带领 6 架战机勇敢迎敌。战果是击落敌机 5 架，而自身无一损失。

那个月，王海刚满 26 岁。这位毕业于东北民主联军航空学校的歼击机飞行员，率领"王海大队"驾驶米格 -15 战

中国人民志愿军空军战斗英雄王海（右一）向飞行员讲解战术

斗机，先后与美国空军激战 80 余次，共击落击伤敌机 29 架。凭着敢于空中拼刺刀的血性和智慧，年轻的中国空军打出了一片英雄的天空。鸭绿江至清川江之间面积约 16800 平方千米的空域，被美军飞行员称为"米格走廊"。美国远东空军轰炸机司令部专门下令：一切没有护航的飞机，不得进入"米格走廊"。

青年知识分子投身抗美援朝，是全国军民抗美援朝的一个生动缩影，它映衬出全国人民坚定的民族自信、高昂的爱国热情、坚决的斗争意志。

中国青年知识分子抗美援朝的生动实践，给我们以深刻启示。

青年知识分子绝不能"躲进小楼成一统"，只有自觉走出"两耳不闻窗外事"的局限，主动告别"书斋气"，敢于到群众中去、到火热的实践中去，才能充分释放才华，迸发出更强大的能量，为祖国和人民建功立业。

📖 知识拓展

赣南人民积极投身抗美援朝

1950 年 10 月 19 日，中国人民志愿军跨过鸭绿江，开始抗美援朝、保家卫国，这是以正义之师行正义之举。伟大祖国和刚刚掌握了自己命运的中国人民，是志愿军的坚强后盾。赣南人民同全国各族人民一道，同心支撑起这场事关国家和民族前途命运的伟大斗争。

1950 年 11 月，赣西南区党委召开直属县（市）委书记、县（市）会议，传达中共中央对抗美援朝的决策，研究和部署全区的抗美援朝运动。此后，抗美援朝运动在全区广泛深入地开展起来。

1951 年 5 月 1 日，赣州各界 6 万余人在人民体育场集会，热烈庆祝"五一"国际劳动节，并举行了拥护缔结五大国和平公约签名及反对美帝武装投票的示威游行。

随着抗美援朝运动的深入开展，赣南各地掀起了参加志愿军的热潮，一大批优秀赣南子弟穿上军装，斗志昂扬奔赴朝鲜战场。据统计，1951 年冬和 1952 年，全区均超额完成征兵任务，共征兵 10148 人。

为支援抗美援朝战争，赣南各地广泛开展增加生产、厉行节约及爱国丰产等运动。从 1952 年 4 月至 6 月 25 日，全区节约大米 3.7 万斤。增产节约运动不仅满足了支援抗美援朝的需要，还使工农业生产迅速恢复和发展。

为进一步加强国防，中国人民抗美援朝总会发出号召，动员全国男女老少、各阶层开展捐献飞机大炮运动。到 1951 年 9 月 28 日，全区人民捐献"赣南空军小队"120 多亿元（第一套人民币），超额完成购买 7 架战斗机的计划。

（改编自陈安、李春媚：《赣南的抗美援朝运动》，载《赣南日报》2022 年 4 月 27 日）

2 "向科学进军"

共和国诞生初期，国家物质基础十分薄弱，安全没有可靠保障；国际上，面临敌对势力的经济封锁和武力威胁。在严峻形势下，以发展重工业和国防事业所需要的尖端科技为重点，突破封锁，提升实力，成为新中国科技事业发展的必然选择。

1956 年是中国现代科学技术发展史上具有里程碑意义的一年。年初，党中央发出了"向科学进军"的伟大号召。随后，国家先后制定出发展科学技术的"12 年规划"和"10 年规划"。我国的科技事业进入了一个有计划的蓬勃发展新阶段。

建设新中国离不开科学技术。1956 年 1 月，中共中央召开了关于知识分子问题的会议，这也是新中国第一次全国科技大会。会议发出"向科学进军"的号召，极大地鼓舞了广大青年专家学者的政治热情和工作积极性。3 月，国务院成立科学技术规划委员会，制定科学技术发展远景规划纲要。一场"向科学进军"的热潮在全国迅速形成。青年团积极响应党的号召，在青年知识分子中广泛动员，也在党政组织的领导下，为广大青年知识分子实施向科学进军计划，创造了一些必要条件，解决了一些实际问题。

向科学进军的年代，是一个劳动和创造的年代，一个建设和奉献的年代。1956 年，第一批国产汽车出厂，第一架喷气式飞机飞上蓝天；1957 年，武汉长江大桥通车；1959 年，大庆油田第一口油井喷射出石油；1960 年，第一枚近程导弹发射成功；1964 年，第一颗原子弹爆炸成功；1967 年，第一颗氢弹爆炸成功；1970 年，第一颗人造卫星发射成功……为争取民族的自立与自强，以中青年为主体和生力军的科技工作者，面对技术的封锁，他们以前所未有的热情投入到国家的建设事业当中，上下求索，创造了一个又一个历史纪录。

"两弹一星"的宏伟大业，是新中国建设成就的重要象征，是中华民族的荣耀与骄傲。邓小平说："如果六十年代以来中国没有原子弹、氢弹，没有发射卫星，中国就不能叫有重要影响的大国，就没有现在这样的国际地位。这些东西反映一个民族的能力，也是一个民族、一个国家兴旺发达的标志。"

"干惊天动地事，做隐姓埋名人。"邓稼先，正是隐姓埋名的脊梁型科学人。

1958 年，34 岁的邓稼先服从了组织调动，从此隐姓埋名长达 28 年。直至 1986 年他生命的最后时刻，他的名字才逐渐为人知晓。

接到特殊任务的那天晚上，邓稼先一夜未眠。出于保密原因，邓稼先在赴戈壁滩核试验基地前，连一个通信的信箱都没能留下，余下的就只剩一个妻子对丈夫"一无所知"的许多岁月。

经历过 1959 年到 1961 年"三年困难时期"的人们，无不对粮食短缺给国家和人民带来巨大影响有着切肤之痛。就是在那个时候，湖南省安江农校青年教师袁隆平决心要研究出一种高产的水稻，让老百姓不再挨饿。

那时，杂交水稻研究是公认的世界难题。年轻的袁隆平偏不信邪，刻苦钻研数年，最终成功破解了这个难题。他带领团队先后培育出"二九南 1 号""三系杂交稻""两系法杂交水稻"和"超级杂交稻"。正是以科技进步和制度创新为推动力，中国创造了世界粮食生产的奇迹！

随着科技创新与进步对经济社会发展的贡献越来越大，科技发展日益改善着人们的生活，科技对国家经济社会发展的支撑作用日益显现：三峡水利枢纽、青藏铁路、南水北调，每一个重大工程中都熔铸了青年科技人员的智慧；科学育种、合理灌溉、土地增肥，每一穗丰收的稻谷里都饱含着科技人员的心血；荒漠治理、节能减排、污染防控，每一项技术革新中无不浸染着青年科技人员的汗水……

中国科学家青春的模样是什么样？他们苦心钻研、艰苦奋斗，把不可能变成可能。如今，青年科技工作者更应勇挑重担，努力在基础研究、重大项目、重点工程中刻苦攻关，抢占科技竞争和未来发展的制高点，在科技自立自强中展现青春力量。

知识拓展

邓小平谈科学技术是第一生产力

1978 年 3 月，邓小平同志代表党中央，在全国科学大会上明确提出"科学技术是生产力"，提出全党要高度重视和深刻领会这一马克思主义的基本观点。

1985 年 3 月，党的十二届三中全会作出了《关于经济体制改革的决定》。时隔五个月，党中央召开了全国科技工作会议，讨论科技体制改革问题。邓小平在这次会议上作了题为《改革科技体制是为了解放生产力》的讲话。他指出："经济体制、科技体制，这两方面的改革都是为了解放生产力。新的经济体制应该是有利于技术进步的体制。新的科技体制，应该是有利于经济发展的体制。双管齐下，长期存在的科技与经济脱节的问题，有可能得到比较好的解决。"

在国际政治、经济的新变化和中国现代化建设及改革开放实践的新要求的背景下，邓小平用全新的视角，对科学技术在当代生产力和社会经济发展中的第一位变革作用，及时、果断地作出了理论概括。

1988 年 9 月 5 日，邓小平会见了来访的捷克斯洛伐克总统胡萨克。邓小平对客人说：“马克思说过，科学技术是生产力，事实证明这话讲得很对。依我看，科学技术是第一生产力。”

在此，邓小平第一次提出了“科学技术是第一生产力”这一当今世界的重大科学命题。

此后，邓小平多次重申和阐述了他的“科学技术是第一生产力”的思想。1992 年初，他在视察南方并发表重要谈话时，再次强调：“科学技术是第一生产力。……高科技领域的一个突破，带动一批产业的发展。我们自己这几年，离开科学技术能增得这么快吗？要提倡科学，靠科学才有希望。高科技领域，中国也要在世界占有一席之地。搞科技，越高越好，越新越好。”

邓小平关于“科学技术是第一生产力”的重要思想，对提高全民族的科学文化水平，促进科学技术进步，推动我国改革开放和社会发展起了十分重要的作用。

3　共青垦荒，战天斗地

20世纪50年代，随着国家建设的全面展开，对粮食和农产品的需求量大大增加。如何发展农业、增产粮食成为摆在执政党面前的一个重要问题。团中央向全国青年发出"向荒山、荒地、荒滩进军"的号召，鼓励广大青年自愿到边疆去开荒种地，从而掀起一场大规模的青年志愿垦荒运动。

从1953年起，我国开始实行经济建设的第一个五年计划，制定了"集中主要力量发展重工业，建立国家工业化和国防现代化"的方针。但此时粮食短缺和城市就业已经构成牵制经济发展的全局性问题。国家开始有计划地把垦荒、扩大耕地面积作为实现农业生产计划的一项重要措施。垦荒的方针已经确定，由谁来垦？新中国成立后的做法一般是沿袭历史上军垦和移民的方式，于是有了10万解放军官兵西进新疆，有了由河南、河北等地大规模地向青海、甘肃移民。这时，一支十分激越的号角突然吹响了，这就是青年团中央的声音。

团中央的加入，是受到苏联当时正在轰轰烈烈进行的青年垦荒运动的强烈感染和直接影响。

1954 年 2 月，苏联共产党中央和部长会议作出大量开垦荒地的决定，全苏联青年积极响应。截至 1955 年 5 月中旬，已有 2 万多人到达西伯利亚阿尔泰地区，所计划生产的粮食，将达到全苏联当年计划的粮食总产量的 1/20。总之，苏联这场大规模的垦荒活动，在 1954 年共动员了 10.2 万人，1955 年动员人数达到了 17.2 万人，绝大多数是城市青年，其中又以共青团员为主体。

垦荒队员向荒山野岭开战

1955 年 4 月，中国青年代表团赴苏联学习共青团的工作经验时，详细了解了苏联当时正在进行的开垦荒地的工作情况。回国之后，他们代表团中央向党中央递交了《关于苏联开垦荒地的一些情况的报告》。团中央认为，效法苏联，组织青年进行垦荒，在我国也是可行的。

党中央认为这个报告很有价值，于 1955 年 6 月 27 日予以转发，表示对这一行动的认可，这就成为我国青年开展大规模垦荒运动的前奏。

1955 年 7 月 6 日，团中央发出《关于组织青年参加边疆建设问题的一些意见》，提出："动员一部分城市中未升学的初中、高小毕业生及其他失业青年参加垦荒工作。"

1955 年 7 月 9 日，由《中国青年报》记者、团中央垦荒筹备组成员舒学恩执笔，杨华、李连成、李秉衡、张生和庞淑英为发起人，向青年团北京市委递交了请求批准到边疆区垦荒的申请书。垦荒队的组织规模、垦荒地点、发展方向都是团中央精心安排的。9 月 10 日，北京青年志愿垦荒队到达黑龙江萝北，开始了艰苦的垦荒创业经历。

1955 年 9 月 11 日，上海市青年社会主义建设积极分子大会开幕，1400 多人参加会议。会上，陈家楼、吴爱珍、石成林、吕锡龄、韩巧云等 5 名青年，倡议组织一支上海市青年志愿垦荒队，到祖国最需要的地方去开垦荒地。9 月 12 日，团市委和市民青联分别举行常委会，一致作出决定，接受陈家楼等人的倡议，并号召全市青年学习他们的爱国主义精神，以进一步搞好生产、学习和工作的实际行动支持他们。

9月17日，江西省农业厅负责人对新华社记者表示："江西省各级人民政府和江西省革命老根据地人民热烈地欢迎上海青年志愿垦荒队的到来。"

志愿垦荒队成立的消息传开后，上海青年热血沸腾，在不到1个月的时间，就有万余名青年报名参加。他们中除了社会青年外，还有大学生、工人、护士、农民等。

1955年10月15日，上海第一支青年志愿垦荒队一行98人奔赴江西。不久，又有上海青年志愿垦荒队员陆续到江西垦荒。据统计，1955—1956年，上海青年先后分三批五次总计1700多人志愿来到江西垦荒。

1957年秋，上海青年志愿垦荒队"共青社"搬迁到江西省德安县和星子县（今庐山市）交界的鄱阳湖畔，与第二、第三批上海青年志愿垦荒队员组成的"中国青年社""上海青年社""八一社"等合并。后来历经种种挫折、天灾人祸，多次搬迁，数次改名，大部分队员因工作调动、上学或回上海等原因而离开，但坚持留下的上海青年志愿垦荒队员以"坚韧不拔、艰苦创业、崇尚科学、开拓奋进"的精神，和当地人民、"上山下乡"知识青年等一起，把"共青社""共青垦殖场"发展为后来的共青城市。往日的荒滩如今已成为充满青春活力、人口接近20万的一座新型工业化城市——共青城。

共青城

今天的共青城，高楼林立，欣欣向荣。

谁能想象，60多年前，这里还是一片杂草丛生的滩涂荒地。60多年前，一群朝气蓬勃的上海年轻人，在这里开始了他们响应国家号召的垦荒之旅。

1955年6月，中共中央号召广大城市青年"到祖国最艰苦、最需要的地方去垦荒"。上海青年热烈响应，从1955年10月至1956年3月，先后有三批五次共1713名上海青年志愿垦荒队员来到鄱阳湖畔的德安县垦荒。他们告别繁华的大上海，告别父母家人，发扬"坚韧不拔、艰苦创业"的垦荒精神，在鄱阳湖畔奏响了一曲青春之歌。

60多年过去了，这片土地发生了翻天覆地的变化，当年的茅草棚已经变成了一栋栋高楼大厦，纵横的荒滩已经变成了气派的工业园，昔日的"共青社"成了今日的共青城市。今日的共青城人，和当年的垦荒人一样，精神抖擞，踔厉奋发，正为建设美好家园继续努力奋斗着。

4 "植树造林，绿化祖国"

新中国成立之前，由于连年战争，生态环境遭到很大破坏。有计划地植树造林、绿化祖国成为新中国一项重要而迫切的任务。

1955 年，毛泽东主席向全国发出在 12 年内"绿化祖国"的号召。1956 年 1 月，中共中央发布《一九五六年到一九六七年全国农业发展纲要（草案）》，提出：从 1956 年开始，在 12 年内，绿化一切可能绿化的荒地荒山。党有号召，团有行动，广大青年积极行动起来，开始了"植树造林，绿化祖国"的不懈努力。

1956 年 3 月 1 日至 11 日，青年团中央、林业部、黄河水利委员会在延安联合召开陕西、甘肃、山西、内蒙古和河南五省（区）青年造林大会。来自全国 27 个省（区、市）的 16 个民族及部队、铁道、文教战线等共 1204 名代表参加了会议，他们中有团干部、青年林业工作者和植树造林水土保持的积极分子。

会议开幕当天，延安大礼堂门口悬挂着两幅醒目的标语："青少年们！绿化黄土高原，控制水土流失，和水、旱、风沙等自然灾害作斗争！""青少年们！都来采种育苗，植树造林，护林防火，让祖国河山更加美丽！"

会议期间，青年们的造林热情像烈火一样迸发出来。各地代表和延安青少年近 1 万人，在宝塔山、清凉山、凤凰山和杨家岭造林 79 亩，植树 3.5 万多株，挖水平沟 33.3 千米。

来自浙江杭州的代表、24 岁的林业技术员黄根品运送花木到延安参会。当时延安满目的荒山秃岭，让他十分震惊。中央给大会发来的贺信，更激发了黄根品的责任感、使命感。他当即提出申请，要求留在延安，为绿化革命圣地贡献力量，获得了浙江省委的批准。

让延安四季常青，是黄根品最大的愿望。除了从杭州带来水杉等优良花木进行引种，1956 年冬天，他又冒着风雪到 200 公里外的黄龙山，挑选了 33 棵有 10 多年树龄的油松运回延安，通过保持土团完整、冻土移栽的方法，分别栽种在中央大礼堂、杨家岭和宝塔山、凤凰山上。第二年夏天，33 棵松树棵棵长得油绿。

黄根品扎根延安植树造林 23 年，从一个普通技术员成长为林业战线的一名领导干部，兑现了他要把延安打扮成"春季桃红柳绿，夏季百花齐放，秋季红叶迎霜，冬季

20 世纪五六十年代植树修枝

松柏常青"的誓言。因此，他被人们称为"延河畔上一棵柳"。

也正是在这次大会精神鼓舞下，全国各地青年很快掀起"植树造林、绿化祖国"热潮。当年春季，陕西全省有350 万名青少年参加了植树造林。据 45 个县统计，共造林90 多万亩，零星植树 3800 多万株。商洛专区动员 25 万名青少年开展"植树造林突击周"活动，整片造林 573170 亩，零星植树 2600 万株。青年团洛南县委组织了 13048 名青少年收采树种 14738.5 公斤。宝鸡专区沿渭河 9 个县（市）的21 万名青少年参加了春季的"绿化千里渭河"活动。

　　五省（区）青年造林大会，是新中国成立以来第一次举办的动员青年参加植树造林活动的盛会，在全国产生了广泛影响。在大会的号召和推动下，大规模的青年植树造林、绿化祖国的活动由此展开。

　　各地青年在团组织的带领下，先后组成数以万计的青年造林突击队，在荒山安营，在峻岭扎寨。截至1956年底，全国参加植树造林活动的青少年达到1.2亿人次。植树造林活动也成为各级团组织一项重要的传统工作。

　　在全民义务植树运动的推动和林业重点工程的带动下，祖国造林绿化事业迅猛发展，林业生态建设实现了历史性跨越，森林资源迅速增长。改革开放以来，"三北防护林工程""天保工程""沿海防护林工程""长江防护林工程""保护母亲河行动""退耕还林工程""京津风沙源治理工程"等造林护林治沙成果日益凸显，各地把"山要绿""水要清""天要蓝"和"生态平衡"作为坚持不懈的奋斗目标，从某种意义上来说就是对青年造林活动的进一步推动和深化。

　　建设好生态文明是关系人民福祉、关乎民族未来的长远大计。新时代呼唤新作为，在美丽中国建设新征程中，我们要认真践行"绿水青山就是金山银山"的发展理念，积极投身生态文明建设。如今，青少年自身的生态文明素养不断得到提升，绿色生活方式已成为青春时尚。

知识拓展

植树节和"绿化祖国"

1979 年 2 月 23 日，第五届全国人大常委会第六次会议根据国家林业总局的提议，正式将 3 月 12 日定为"植树节"。之所以定在这一天，是因为这天是革命先驱孙中山的逝世纪念日。

"起共和而终两千年封建帝制"的孙中山先生，于 1925 年 3 月 12 日因病在北京逝世。孙中山一贯重视植树造林，并用一生倡导。将孙中山先生的辞世之日定为新中国的植树节，一方面是为了缅怀他的丰功伟绩，另一方面，也象征其生前未竟的愿望将在新中国实现。

早在 1915 年，林学家凌道扬、韩安和裴义理（加拿大籍美国人）等有感于当时中国林业不振，"重山复岭，濯濯不毛"，就上书北洋政府，建议以每年清明节为植树节。

这一建议很快获得批准。次年开始，正式在全国范围内执行。从此，我国有了自己的植树节。后来，由于袁世凯倒行逆施，天怒人怨，这项政策被南京国民政府取消。1928 年 4 月 7 日，南京国民政府通令全国，自 1929 年起，植树节改在孙中山逝世之日。

中华人民共和国成立后，党和国家领导人非常重视植树造林的工作。1956 年 3 月 12 日，毛泽东主席更是提出"绿化祖国，实现大地园林化"的号召。此后每年的 3 月 12 日，全国都会举行植树造林活动。1979 年 2 月 23 日，全国人大正式将这一天确立为我国的植树节。

5　青年突击队：敢教日月换新天

　　新中国成立初期，我国工业基础十分薄弱，在一穷二白、满目疮痍的烂摊子上，中国人民以"逢山开路、遇水架桥"的智慧和勇气开拓前行，以"敢教日月换新天"的决心和气魄一往无前，热火朝天、轰轰烈烈地开始了第一个五年计划。第一个五年计划"诞生"了多个第一，这些具有里程碑意义的"第一"，标注着共和国前进的脚步。

　　在中国人民这股改天换地、攻坚克难的冲天豪情里，青年突击队的身影格外引人注目。

　　青少年敢想敢拼，朝气蓬勃，正因为这种特殊的状态，每当遇到紧急时刻，他们都能第一个站出来发挥作用。

　　1953年，《朝鲜停战协定》签订后，在中国共产党的坚强领导下，全国人民迎难而上、奋起直追、自力更生、艰苦奋斗，一场大规模的经济建设热气腾腾地在神州大地全面铺开。

那时，首都北京开始新建一批基础性工程，任务多，难度大。有苏联专家建议："为了提高战斗能力和处理急难险重任务，苏联成立了青年骑兵突击队，你们能不能搞一个类似的组织，来带动整个工程？"

在这种情形下，各个班组业务能力强、肯吃苦的年轻人被整编到了一起，由党员胡耀林担任队长，组成了18人的"胡耀林木工青年突击队"。"第一支青年突击队，可以说完全是被'逼'出来的。"突击队成员徐金弟当时在受访时表示。他们被嘱咐："你们是工地上的佼佼者，你们一不唱歌，二不跳舞，最需要你们的就是吃苦精神。"

1954年，北京展览馆工地上竖起了全国第一面"青年突击队"旗帜。突击队的第一个任务就是给展览馆的工业

胡耀林木工青年突击队合影

馆制作拱顶模板。那时没有工具袋，他们就把工具揣在口袋中或攥在手里，天气寒冷时，手和钉都粘在了一起。原计划用 478 个工日支起工业馆拱顶大梁模板，最终以 181 个工日完成。这一出色成绩给工区青年以极大影响，到 2 月中旬，工区又建立了瓦工、抹灰工、电气工、水暖工等 6 支青年突击队。

同一年，北京市第六建筑工程公司张百发钢筋工青年突击队、北京市第三建筑工程公司的李瑞环木工青年突击队成立了。李瑞环青年突击队在人民大会堂建设任务中，巧妙利用计算数字下料，省去放大样工序，既节省了时间又节省了原料。

后来，"青年突击队"这面鲜红的旗帜，从展览馆插遍了全国的建设工地。第一个五年计划期间，仅全国各地基建工地的青年突击队就有 7500 个，参加青年 13.5 万人。

在那个火热的年代，一个个青年不怕牺牲、冲锋在前，他们在激流中奋进、在苦难中拼搏、在平凡中奉献！青年突击队在"急、难、险、重"工作中发挥了独特的作用，激励着一代代青年踊跃投身社会主义建设，其影响力一直延续至今。

知识拓展

新中国第一支青年突击队

1953 年 10 月，北京展览馆正式破土动工，作为苏联援建的重点工程，建筑工艺水平要求高，任务繁重、时间紧迫，一切都显得难上加难。

根据苏联专家的建议，工区团委向党委建议成立青年突击队。经过层层选拔，踏实奋进的 31 岁"老大哥"胡耀林被队员们推选为队长，全国第一支青年突击队成立了，而迎接他们的第一个挑战，就是一场硬仗。

1954 年 1 月，胡耀林木工青年突击队接下了他们的首个任务：为展览馆的工业馆制作拱顶模板，工程跨度 32 米，高 22 米，包括 12 个拱顶大梁，规定工期 478 个工日。从未在北京建筑史上有过的巨大工程量此刻正压在这支年轻的突击队的肩上。在当时很多人看来，这是一个根本不可能完成的任务。

胡耀林率领突击队驻扎在工地上，他们夜以继日，不辞艰苦，分分秒秒都匍匐在工地上，连公休日也在攻克图纸的薄弱环节，没有一日停歇。

就这样，原计划用 478 个工日支起的工业馆拱顶大梁模板最终以 181 个工日提前完成。这一新中国建筑史上的惊人奇迹，彻底轰动了整个工区。

1954 年 12 月，中共中央肯定了青年突击队的首创精神。青年突击队就像一股春风，迅速推向全国，全国各条战线迅速掀起了成立青年突击队的热潮。

6 "向雷锋同志学习"

　　1963 年 3 月 5 日，毛泽东主席向全国人民发出了"向雷锋同志学习"的伟大号召。从此，"学习雷锋好榜样"的旋律，就唱响在一代代中国人心里。60 个春秋，无论风云如何变幻，全国人民弘扬雷锋精神不间断，践行雷锋精神不松劲，争当雷锋传人不褪色。如今，在强国路上，雷锋精神依然如一把永不熄灭的精神火炬，引领着社会风尚，给人以温暖，给人以力量。

　　雷锋，湖南长沙人，1940 年 12 月 18 日出生在一个贫苦农民家庭。儿童时代的他饱尝旧社会苦难。新中国成立后，在党和政府的关怀下，他勤奋学习，成为一名品学兼优的好学生。小学毕业后，雷锋响应党的号召，毅然选择留在农村，他在毕业典礼上满怀激情地说："我决心做个好农民，争取架起拖拉机，耕耘祖国的大地。"

　　此后，在乡政府，雷锋当过通信员；在县委，他干过公务员；在农场，他做过拖拉机手。他以甘当螺丝钉的精神，干一行，爱一行，钻一行，在平凡的岗位上做出了不平凡的业绩。

1957年2月，雷锋为支援国家建设，报名到辽宁的鞍钢做了一名推土机手。他不顾自己个头小，要求驾驶能多干活的重型推土机。他利用休班时间义务参加炼钢；他冒着严寒率先跳入水泥浆里进行搅拌；在苫布不够用的情况下，他把自己的棉被拿出来遮挡，以免工厂的水泥淋雨……在短短1年多的工作中，他3次被评为先进工作者，5次被评为标兵，18次被评为红旗手，还获得了"青年社会主义建设积极分子"的光荣称号。

面对荣誉，雷锋没有骄傲，在日记中他写下这样一段话："一滴水只有放进大海里才能永远不干，一个人只有当他自己和集体融合在一起的时候才能有力量。"

1960年初，雷锋穿上了军装，成为一名光荣的解放军战士，他在入伍当天的日记里写道："我一定要做一个好战士，我要把可爱的青春献给祖国最壮丽的事业。"

那时正值困难时期，雷锋注意为国家节约每一滴油、每一度电，能省的都省下来，被评为部队的"节约标兵"。分配到汽车连后，他像爱护眼睛一样爱护汽车，天天擦洗和保养，他还千方百计解决了车辆高油耗的问题，让一辆"耗油大王"成为全连的节油标兵车。

雷锋抓紧一切时间用来学习。因长年驾驶汽车东奔西跑，他很难有大段时间学习，他便把书装在挎包里，随身带在身边，只要车一停，没有其他工作，就坐在驾驶室里看书。他不但自己下功夫学革命理论，还带动全班和连队养成了刻苦学习之风。

助人为乐是他的习惯。"人民的困难，就是我的困难，我能帮助人民克服一点困难，是最幸福的。"在大家眼里，雷锋几乎就是"好人好事"的代名词。在去作报告时乘坐的列车上，他扫地、倒水，一路忙个不停。人们流传着这样一句话："雷锋出差一千里，好事做了一火车！"

雷锋在日记里写道："人的生命是有限的，可是，为人民服务是无限的。我要把有限的生命投入到无限的为人民服务之中去。"他的突出表现得到党组织的充分肯定。1960年11月8日，运输连召开了支委会和支部大会，全连24名党员一致通过了雷锋的入党申请。此时雷锋入伍还不到一年。

1960年10月起，解放军战士雷锋开始担任小学校外辅导员。虽然平时很忙，但他仍挤出时间到学校去，同老师谈心，给同学们讲故事，帮助小朋友养成良好的学习习惯。

1962年5月，为表彰雷锋的事迹，共青团抚顺市委为雷锋颁发了"优秀辅导员"奖状。入伍以后，雷锋多次立功受奖，被评为"模范共青团员""节约标兵"，还被选为抚顺市人大代表。

1962年8月15日，雷锋在一次意外事故中不幸因公殉

毛泽东题词："向雷锋同志学习"

职。雷锋牺牲的消息传开后，抚顺军民万分悲痛，成千上万的群众自发地涌向街头为他送行。

1963年3月5日，毛泽东主席向全国人民发出了"向雷锋同志学习"的号召。全国开始广泛宣传雷锋的模范事迹和高贵品质。

雷锋忠于祖国、忠于人民、忠于党以及毫不利己、专门利人的精神感染了全国人民。随着学雷锋活动广泛深入的开展，在社会上出现了一大批模范青少年，像爱民模范欧阳海，舍己救人的王杰，钢铁战士麦贤德，"草原英雄小姐妹"龙梅、玉荣等就是其中为人们所熟知的突出代表。他们的人生，蕴含着博爱的真谛，散发着奉献的光辉。

每年的3月5日，全国无数青少年都要走向社会"学雷锋"。自 2000 年开始，每年的 3 月 5 日被定为"中国青年志愿者服务日"。可以说，"学习雷锋"已成为社会主义新中国精神文明建设的标志性活动。

📖 知识拓展

让雷锋精神在新时代绽放更加璀璨的光芒

习近平总书记指出，2023 年是毛泽东等老一辈革命家为雷锋同志题词 60 周年。60 年来，学雷锋活动在全国持续深入开展，雷锋的名字家喻户晓，雷锋的事迹深入人心，雷锋精神滋养着一代代中华儿女的心灵。实践证明，无论时代如何变迁，雷锋精神永不过时。

习近平强调，新征程上，要深刻把握雷锋精神的时代内涵，更好发挥党员、干部模范带头作用，加强志愿服务保障和支持，不断发展壮大学雷锋志愿服务队伍，让学雷锋在人民群众特别是青少年中蔚然成风，让学雷锋活动融入日常、化作经常，让雷锋精神在新时代绽放更加璀璨的光芒，为全面建设社会主义现代化国家、全面推进中华民族伟大复兴凝聚强大力量。

第三编

解放思想、锐意进取

党的十一届三中全会作出了把党和国家工作重心转移到经济建设上来、实行改革开放的历史性伟大决策。广大青年始终明大理、知大任、怀大德，紧跟党的步伐，解放思想，与时俱进，在改革开放的事业中找准自己的人生定位，奋力当好改革开放排头兵，在建功时代伟业中成就人生价值，让青春在改革开放的广阔天地中绽放。他们既是改革开放的见证者和受益者，也是将改革开放进行到底的参与者与贡献者。

1 "从我做起，从现在做起"

20世纪70年代末，中国经历10年浩劫之后，刚刚开启社会主义建设新时期的"大门"。很多青年陷入失学、失业、生活没有保障的困境，思想处于极大的苦闷和迷茫中，陷入对社会的信任危机。社会上，也对青年很不理解，认为他们是"迷茫的一代""垮掉的一代"。

众声喧哗中，清华大学工程化学系（后改为化学工程系）1977级2班的同学们没有怨天尤人，没有犹豫彷徨，而是发扬自强不息的传统反求诸己，喊出了"从我做起，从现在做起"这句既不抒情也不高调的话来。

1979年12月6日，《中国青年报》以"搞四化要'从我做起，从现在做起'"为题作了宣传报道，这一口号由此也成为那个时代最响亮的青春回答。

随着中国社会进入历史转折期，天性敏感的青年人从对社会现象的反思，进入到对人生道路、自我价值的拷问。

1980 年 5 月，一封署名"潘晓"的读者来信《人生的路呵，怎么越走越窄……》在《中国青年》杂志上刊登。在信中，潘晓这样写道：

"我今年 23 岁，应该说才刚刚走向生活，可人生的一切奥秘和吸引力对我已不复存在，我似乎已走到了它的尽头……为了寻求人生意义的答案，我观察着人们，我请教了白发苍苍的老人，初出茅庐的青年，兢兢业业的师傅，起早摸黑的社员……可没有一个答案使我满意……我体会到这样一个道理：任何人，不管是生存还是创造，都是主观为自我，客观为别人。就像太阳发光，首先是自己生存运动的必然现象，照耀万物，不过是它派生的一种客观意义而已……"

这封信用沉重、幽怨、郁闷、诚挚、激愤的笔触书写了人生痛苦和创伤，甫一发表，即在全国范围内，特别是广大青年中引发一场关于人生观的大讨论，这场讨论成为改革开放之初思想解放大潮中的一个标志性事件。

关于"人生意义的讨论"是任何一个时代的年轻人都绕不过去的问题。

1979 年 12 月初，清华大学工程化学系 77 级 2 班的 35 名同学自发组织了一场讨论，经过讨论，大家认识到，一些丑恶的社会现象都有它的社会历史根源，社会主义制度也是在发展中才能一步步完善。要建立健全美好的社会主义制度，需要几代，甚至几十代人的努力，这副担子也落在了青年一代的身上。讨论中响亮地提出"从我做起，从现在做起，为社会主义现代化事业多作贡献"的行动口号。这句口号成为一个时代青年精神的象征。

这个口号，是一种国家兴亡、匹夫有责的责任与担当。这个口号，所沉淀下来的是独立思考、求真探索的创新精神，是不尚空谈、脚踏实地、厚德载物、自强不息的中华民族传统文化的传承发展。

1979年12月6日，《中国青年报》刊发在头版头条《搞四化要"从我做起，从现在做起"》一文。随后这个口号传遍全国，响彻大江南北，成为那个时代最响亮的青春回答。

口号提了出来，广大青年没有停留在提口号上。共青团中央极其重视对这一口号内涵的发掘和意义的推广，1980年春及时决定在青年学生中大力提倡"从我做起，从现在做起"的精神，激励广大青年学生投身"四化"（工业现代化、农业现代化、国防现代化、科学技术现代化）建设，争当突击手。全国各大中学校闻风而动，根据本校实际情况开展各具特色的活动，"从我做起，从现在做起"的口号迅速融入青年学生的学习生活之中。

的确，"从我做起，从现在做起"符合那个时代人们的共同期盼。刚刚历经了"文化大革命"十年浩劫的中国人，都有着想稳定、思发展、盼繁荣的心愿。

党的十一届三中全会确定将党和国家的工作中心转移

到经济建设上来。以经济建设为中心，需要大家同心协力，需要从我做起、从现在做起，建设繁荣富强的伟大祖国！青年们提出的"从我做起，从现在做起"，正是这种爱国热情新高涨的一个生动展示。

列宁说过，"一个国家的力量在于群众的觉悟"。我们国家要走向繁荣富强，就是要依靠广大青年充分发扬爱国热情，在自己的岗位上发出光与热。"从我做起，从现在做起"这个口号叫响后，各行各业无数青年为国家发展忘我工作，努力奉献，年轻的科技工作者在一大批关键技术上取得重大突破；年轻的体育健儿在国际比赛中频传捷报……这些无不激励着神州大地亿万人民拼搏的心。

"从我做起，从现在做起"这句口号所蕴含的热爱祖国、心系天下的情怀，正视问题、辩证务实的态度，行胜于言、担当奋进的精神，所蕴含的强烈的时代责任感与历史使命感，指引和激励着一批又一批青年学子走出"小我"、融入"大我"，把自己的前途命运与祖国和人民的需要密切相连，形成了青年人穿越时代的宝贵精神财富。

如今40多年过去了，尽管时代不同、际遇不同、年龄不同，但是一代代中国青年身上那种爱国爱民的真挚情怀、昂扬向上的人生状态、崇尚实干的工作作风、追求卓越的精神品格，始终薪火相传、生生不息、历久弥新。

知识拓展

"小平您好"

1984 年 10 月 1 日 10 时，中华人民共和国成立 35 周年国庆游行在天安门广场盛大举行，当学生队伍行进到金水桥边时，一条"小平您好"的横幅突然展开。这一意外画面因被电视画面记录而瞬间传遍世界，引起亿万中国人民的强烈共鸣，成为共和国历史上珍贵的记忆。

制作和展示这一横幅的是北京大学 1981 级生物系细胞遗传专业学生郭庆滨、李禹、栾晓锋等人。游行之前，他们就想着用一种方式来充分表达自己对党和祖国、对邓小平同志的感情，于是决定制作一条横幅，最终确定写"小平您好"四个大字。

"小平您好"，这句话感情真挚，就像是对亲朋、长辈的问候。充满朝气的中国青年大学生，用这种直接而热烈的方式表达了内心对邓小平同志的由衷祝愿和深深的爱戴之情，表达了人民对党中央的领导、对党的十一届三中全会以来的路线方针政策的衷心拥护。

2 "五讲四美三热爱"引领时代新风

人民有信仰，国家有力量，民族有希望。"五讲四美三热爱"自提出之日起，就成为时代的强音，这一精神文明建设传统至今依然激荡回响，见证着中国日益丰富的精神文明内涵。改革开放 40 多年来，中国共产党始终坚持"两手抓、两手都要硬"，把精神文明建设贯穿改革开放和现代化建设全过程，着力加强思想道德建设，着力深化拓展群众性精神文明创建活动，着力培育和践行社会主义核心价值观，不断提升人民思想觉悟、道德水准、文明素养和全社会文明程度，努力培养担当民族复兴大任的时代新人。

"五讲四美三热爱"，对现在的年轻人来说可能只是一个听来耳熟的短语，然而在 20 世纪 80 年代，却是一份时时重温时时新的骄傲。

改革开放大幕开启后，社会急剧转型，国民道德文明与青少年价值理念亟须重塑。1979 年 9 月，党的十一届四中全会首次提出，"要建设高度的社会主义精神文明"。1980 年 12 月，邓小平在中央工作会议上指出："我们要建设的社会主义国家，不但要有高度的物质文明，而且要有高度的精神文明。"

1981 年 2 月 25 日，全国总工会、团中央、全国妇联、中国文联等 9 个单位联合发出倡议，号召全国人民特别是广大青少年开展以"讲文明、讲礼貌、讲卫生、讲秩序、讲道德"和"语言美、心灵美、行为美、环境美"为主要内容的文明礼貌活动。倡议宛如一股春风，迅速吹遍了全国，"五讲四美"活动热火朝天地开展起来了！

随着"五讲四美"深入人心，其内容也在不断充实。到了 1983 年初，"五讲四美"又增加了"三热爱"，即热爱祖国、热爱社会主义、热爱中国共产党，从而使其价值指向更加明确。

全体党员、共青团员在这项活动中起先锋模范作用，通过开展"文明礼貌月"活动，努力改变我国城镇，特别是大中城市的面貌，消除环境脏、秩序乱、不讲礼貌的现象。"文明礼貌月"活动使各地治理"脏、乱、差"的工作逐步走向了经常化、制度化，有力地促进了城乡环境的净化、绿化、美化，改善了人们之间的关系和社会道德面貌。

20 世纪 80 年代，各地团组织在青少年中开展了"我爱祖国，我爱党"教育活动。清华大学工程化学系 1977 级 2

1982 年 3 月，福建省三明市"全民文明礼貌月"活动宣传

班团支部提出口号"从我做起，从现在做起"，充分表达了广大青年强烈的爱国主义热情，抒发了要为祖国做贡献的豪情壮志。1981 年 3 月，中国男排在第四届世界杯排球亚洲区预选赛的关键一战中，在先失两局的情况下毫不气馁，奋起直追，连扳三局，以 3∶2 战胜韩国队，取得参加世界杯排球赛的资格。在庆祝胜利的游行集会上，北京大学学生喊出了"团结起来，振兴中华"的口号。

　　"团结起来，振兴中华"，这个口号被广大青少年认同和接受，成为 20 世纪 80 年代青少年建设祖国、实现"四化"的行动口号之一。建设"四化"、振兴中华的热潮在广大团员青年中迅速兴起。

各地团组织还运用多种形式，从学习党史入手，引导青少年学理论，联系思想实际"解扣子"，结合本职工作抓落实，使"三热爱"教育活动步步深入，取得了较好效果。

随着青少年思想道德教育活动的深入开展，一些城市推出了一些很有特点的活动。1980年6月，中央批转团中央《关于武汉市加强青少年教育活跃业余文化生活情况的报告》。8月，共青团全国宣传工作座谈会充分肯定了无锡、天津一些学校开展的"五美"活动。

从20世纪80年代发端，到90年代"文明单位""文明窗口"评比兴起，再到21世纪初志愿服务蓬勃发展，直至"全国文明城市"创建活动在全国的开展，"五讲四美三热爱"不断被赋予新的时代内涵。

知识拓展

"两手抓，两手都要硬"

"两手抓，两手都要硬"，是邓小平同志提出的关于我国社会主义现代化建设的一个重要战略思想，也是我们党和国家的战略方针。

早在1980年，邓小平同志就指出："我们要建设的社会主义国家，不但要有高度的物质文明，而且要有高度的精神文明。"社会主义社会是一个全面发展的社会，社会主义现代化建设的各项事业必须相互协调，全面发展，和谐共进。两个文明都搞好，才是有中国特色的社会主义。所以，必须两手抓，两手都要硬。邓小平同志多次批评了实际工作中出现的"一手硬、一手软"的情况，告诫全党要从巩固社会主义的高度，从精神文明建设搞不好，物质文明建设也要受破坏、走弯路，甚至社会主义也会变质的高度，来认识精神文明建设的重要地位。党的十四大报告指出："改革和建设的顺利进行，需要强有力的思想和政治保证。党提出一系列'两手抓'的战略方针，强调一手抓改革开放，一手抓打击犯罪；一手抓经济建设，一手抓民主法制；一手抓物质文明，一手抓精神文明。"

"两手抓"是一系列相互配套方针的统称，包含着极其丰富的内涵。它们的内容不尽相同，针对性各有侧重，但是归结到一点，"两手抓"主要还是指同时抓物质文明和精神文明。

3 学习张海迪，争做"四有新人"

张海迪是"八十年代新雷锋"，是"当代保尔"。她鞭策着自己，也激励着我们，更鼓舞着那个时代。让那个时代产生了最强音，有了奋斗，更有了诸多梦想，这梦想就是自强不息，这梦想就是立志腾飞。

张海迪是指引青年人不屈服于命运、奋发拼搏的"雾海里的航标灯"，至今仍是指导我们树立正确世界观、人生观、价值观的一面明镜。

以残疾之躯，完成了许多健全人都无法做到的事情，张海迪的事迹鼓舞和感动了无数人。她因此成为一代中国青年的楷模，被誉为"当代保尔"。

张海迪于 1955 年 9 月出生在济南，5 岁时因病高位截瘫，一生经历 6 次大手术，她用坚强的意志守护脆弱的灵魂，立誓做个对社会有用的人。

张海迪以保尔·柯察金的英雄故事激励自己，用惊人的毅力忍受着常人难以想象的痛苦，同病残作顽强斗争，同时勤奋地学习，忘我地工作。她先后自学了小学、中学和大学的专业课程。

15 岁时，张海迪跟随父母下放到山东聊城莘县一个贫穷的小村子。在那里，她给村里小学的孩子们当老师。当看到当地村民们缺医少药，常受病魔的折磨时，张海迪萌发了当医生的愿望。她开始自学针灸，经常拿自己的身体练习。

她自学了十几种医学书籍和医科院校的部分教材，热心地为乡亲们针灸治病。在莘县期间，张海迪无偿地为人们治病一万多人次，被誉为"80 年代的新雷锋"。

张海迪还自学了英语、日语、德语和世界语，翻译了近 20 万字的外文著作和资料，如《海边诊所》《丽贝在新学校》《小米勒旅行记》等。1983 年，张海迪开始走上文学创作的道路，著有散文集《鸿雁快快飞》《向天空敞开的窗口》《生命的追问》，长篇小说《轮椅上的梦》《绝顶》等。其中，《生命的追问》获全国"五个一工程"图书奖。至今，张海迪创作和翻译的作品超过 200 万字。

张海迪为什么能以病残之躯开拓一条自学成才、为"四化"做贡献之路？张海迪说得好："一个人病倒了并不可怕。可怕的是丧失了生活的信心和勇气。只要勇敢地战胜困难，就能够创造出美丽的新生活。人的一生是短暂的，要使自己的一生有意义，就要把自己仅有的一点光和热奉献给

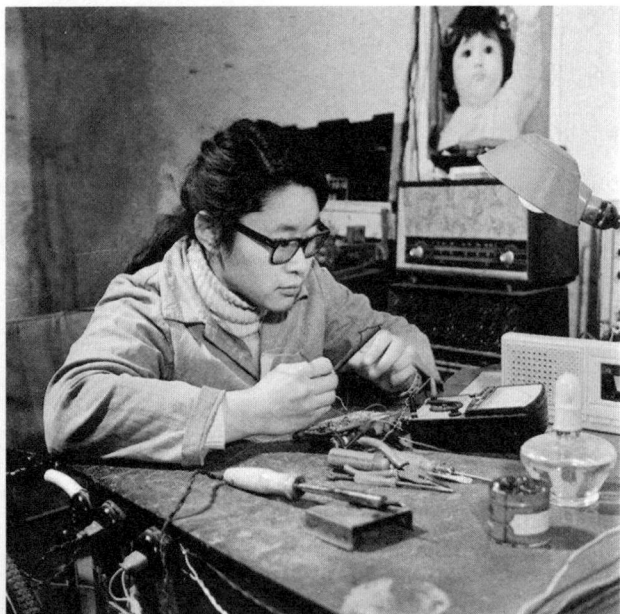

张海迪义务为群众修理收音机

党……愿意把自己的青春献给壮丽的共产主义事业。"这就是"张海迪精神"朴实的表达。

20世纪80年代初，张海迪的事迹被新闻媒体报道后，在社会上引起强烈反响。她身残志坚的感人事迹震撼着亿万人的心。

1983年3月7日，共青团中央举行命名表彰大会，授予张海迪"优秀共青团员"称号，并作出向她学习的决定。1983年5月，中共中央发出《向张海迪同志学习的决定》，邓小平亲笔题词："学习张海迪，做有理想、有道德、有文化、守纪律的共产主义新人！"

张海迪的光辉青春，无疑谱写了一曲交响乐。她高昂的进取精神，在亿万人心中唤起了强烈共鸣。榜样的力量是巨大的。在那个"迷惘"和"虚无"声音喧嚣的年代，无数青年从张海迪身上看到了激情、勇气和力量，他们竞相将张海迪视为榜样，全国上下掀起了"向张海迪学习"的热潮。

张海迪于绝境中辟新径，她坚韧不拔的精神鼓舞了一代又一代中国青少年。

张海迪不平凡的人生经历，就像她曾写的小诗——"世上既有苦水，也有美酒。就看你怎样去追求。只要你能昂起头，苦水也能化美酒。"她以自己奋斗的力量酿出了生命的美酒、诠释了生命的价值。

知识拓展

《钢铁是怎样炼成的》

"一个人的生命应当是这样度过的：当他回首往事时，不因虚度年华而悔恨，也不因碌碌无为而羞愧。这样，他在临死的时候就能够说：'我整个的生命和全部精力，都已经献给世界上最壮丽的事业——为人类的解放而作的斗争。'"

这段名言出自苏联作家尼古拉·阿列克谢耶维奇·奥斯

特洛夫斯基的长篇小说《钢铁是怎样炼成的》，激励了一代又一代的青年为了理想不懈奋斗。

《钢铁是怎样炼成的》一书在我国曾是风行一时的"红色经典"。

作者曾说，"我在这本书里讲的完全是自己的生平"。在书中，主人公保尔·柯察金出生于穷苦家庭，当过司炉工，在哥哥阿尔青的影响下参加红军，在战场上受了重伤；复员后参加过"契卡"工作，担任地区共青团的领导；由于劳累过度和旧伤复发，全身瘫痪，双目失明，又以惊人的毅力在病榻上创作……

保尔·柯察金勇敢、坚强，拥有顽强的毅力，坚信自己的力量，并有"在任何情况下也不怕困难"的品质，影响了无数中国青年。小说通过记叙保尔·柯察金的成长经历告诉人们，一个人只有在革命的艰难困苦中战胜敌人也战胜自己，只有在把自己的追求和祖国、人民的利益联系在一起的时候，才会创造出奇迹，才会成长为"钢铁战士"。

4　架起爱心之桥的"希望工程"

30 多年来，"希望工程"始终锲而不舍地践行着一个朴素理想：让每个孩子不再因为贫穷而失去课堂。而来自全社会的关爱与支持，也为"希望工程"的发展注入了源源不断的动力。从一颗名为"希望"的种子，到中国贡献最大、参与度最高、影响力最为深远的公益项目，"希望工程"走出了一条"坚持党的领导，关注社会需求，符合中国国情，发挥群团组织优势，动员青年积极参与，集中社会力量办大事"的中国特色公益事业模式。

"黑屋子、泥台子、烂桌子、破凳子，坐着一群泥孩子"，这是 20 世纪七八十年代中国乡村学校尤其是偏远山区学校的真实写照。

据资料记载，当时我国每年有 100 多万名小学生因家庭贫困交不起几十元的学杂费而失学，一些偏远山区辍学率超过 90%，有的村子甚至 20 多年没有出过一名初中生。

1989 年，河北省保定市涞源县桃木疙瘩村 13 岁的张胜利在经历家庭变故后，不得不中途辍学。强烈渴望上学的他给县里的"车伯伯"写了一封求助信："车伯伯，……我家今年粮食不够吃，俺爹不让我上学了，可是我们还想念书，念出书来像你一样，做一个对国家有贡献的人……"这封饱含热泪的求助信辗转到了中国青少年发展基金会工作人员手中，揭开了中国"希望工程"的序幕。

在社会转型时期，共青团的先行先试总是走在时代最前列。1989 年 10 月，中国青少年发展基金会作为团中央直属的非营利性社会团体，刚成立半年多就发起建立我国第一个"救助贫困地区失学少年基金"，这一活动被命名为"希望工程"。

当年 10 月 17 日，在"希望工程"首次"资助就读证"颁发仪式上，张胜利从中国青少年发展基金会负责人的手中接过《资助就读证》，成为"希望工程"救助的第一批学生之一。自此，大批失学儿童在"希望工程"救助下得以接受教育。

帮助失学青少年重返校园，还需要足够的教学资源。20 世纪 90 年代，"希望工程"先后发起"1（家）+1"结对救助和"希望小学"建设，组织开展"希望工程百万爱心行动"，号召全社会奉献爱心、捐资助学。

"再穷不能穷教育，再苦不能苦孩子。"上至党和国家领导人，下至普通干部群众；从花甲之年的老者，到幼儿园孩子，大家纷纷为"希望工程"慷慨解囊。

1990年5月19日，第一所希望小学在安徽省金寨县正式落成。此后，希望小学以每年760多所的速度递增，如雨后春笋般在大山深处、穷乡僻壤拔地而起，有效解决了青少年因贫失学、辍学的问题，提高了农村基础教育阶段的入学率和升学率。

"希望工程"以民间组织的方式大规模动员社会资源去援助贫困地区的失学儿童，改变了一大批失学儿童的命运，改善了贫困地区的办学条件，唤起了全社会的重教意识，促进了基础教育的发展。

从"有学上"到"上好学"

随着时代进步和国家经济发展，公益慈善事业已成为国家治理和社会发展的重要力量，"希望工程"肩负起新的使命——从"有学上"到"上好学"。

在国家全面实施"两免一补"政策后，"希望工程"全面升级，将资助对象扩大到高中（职业教育）和高等教育阶段的学生，将"救助"模式拓展为"救助—发展"模式。

2006年，"希望工程"推出"圆梦行动"，帮助众多农村经济困难学生迈入大学校门，由最初的简单物质扶助提升为"学业资助+社会实践+社会服务"三位一体的资助模式；推出"激励行动"，鼓励家庭经济困难大学生通过参与社会服务，增强自信，培养责任，锻炼和提升能力。

同时，创新升级希望小学，推出"希望工程快乐系列"，援建快乐体育园地、音乐教室、美术教室、图书室、计算机室等配套设施，协助改善贫困地区的办学条件和教学环境；推出教师培训项目、古诗文经典诵读、研学夏令营、"希望工程"一堂课、志愿者支教行动、足篮球及科技公益季等素质教育活动，让农村青少年获得更好的教育资源。

随着国家对教育的持续大力投入，农村学校的办学条件和教学设施得到了很大的改善，让孩子们吃上饭、吃好饭成为新的迫切需求。

2009年以来，"希望工程"开始为乡村学校配备"希望厨房"，让孩子们吃上热饭。在配备厨房设施的同时，增加营养教育和体育运动，为农村贫困地区学生营养改善提供了可复制、可借鉴的成功案例。

"凡益之道，与时偕行。"30多年来，共青团在党的领导下，围绕中心、服务大局，始终把"希望工程"放在经济社会发展的全局中进行谋划和推进，走出了一条改善民生福祉、促进社会和谐的中国特色公益慈善事业发展之路。

如今，九年义务教育早在全国普及，"两免一补"政策已全面覆盖，"人人有书读"的愿景已然实现。

知识拓展

江西"希望工程"30年

2021年是江西"希望工程"实施30周年。30年来，江西"希望工程"硕果累累：为江西的希望小学建设和小学筹集捐款7.5亿元、资助大中小学生20多万名、修缮农村贫困学校300余所、培训农村希望小学教师10000多名、兴建小学1420所。

30年来，江西"希望工程"实施了一大批富有时代特点的公益项目，比如20世纪90年代的"共产党员、共青团员、工会会员向希望工程捐款"活动，进入新世纪后的"爱心入户，宝贝出村"、"1%工程"、音体美支教等公益活动，进入新时代后的"希望工程·壹元捐""希望工程·红色小书包"等项目。在民生领域持续发力，比如"希望工程"助力脱贫攻坚"助学10万+"行动、结对资助鄱阳湖禁捕退捕沿湖贫困家庭青少年等。

值得一提的是，无论是1998年抗洪、2002年非典、2008年南方雪灾和汶川大地震，还是2020年鄱阳湖流域超历史大洪水，江西"希望工程"积极参与物资筹集、群众安置、灾后重建等工作，仅洪灾期间就募集款物上千万元，为防汛提供了实打实的助力。

5 用青春热血铸就女排精神

中国女排在 1981 年之后的几年里，取得了世界杯、世锦赛、奥运会"五连冠"的骄人成绩。亿万观众热泪盈眶，举国上下为之振奋！中国女排"五连冠"，万人空巷看女排。"五连冠"的佳绩，激发了全国人民的爱国热情，增强了全国人民的民族自信心和自豪感，奏响了"振兴中华"的时代强音。用青春和汗水铸就的女排精神，其影响之广度，早已超越了体育本身；其影响之深度，必将激励一代又一代中国人踔厉奋发、勇创佳绩！

1981 至 1986 年，中国女排史无前例取得世界杯、世锦赛、奥运会"五连冠"的傲人战绩。一时间，"学习女排，振兴中华"的口号响彻华夏大地，焕发出中华儿女滚烫的爱国热情，凝聚起投身改革开放的磅礴伟力。中国女排以砥砺奋进、超越自我的生动实践，孕育和催生了"祖国至上、团结协作、顽强拼搏、永不言败"的女排精神。

万丈高楼平地起。中华人民共和国成立后，党和国家领导人高度重视体育运动。1953年，中国排球协会成立。第二年成为国际排联正式会员。由于当时排球的群众基础较低，技术水平不高，同世界排坛霸主相比难以望其项背。20世纪60年代，中国女排学习人民军队"一不怕苦、二不怕死"的革命精神，提出了"三不怕"（不怕苦、不怕难、不怕伤）、"五过硬"（思想过硬、身体过硬、技术过硬、训练过硬、比赛过硬）、"三从一大"（从难从严从实战出发、进行大运动量训练）训练原则，锻炼了女排队员不屈不挠、坚忍顽强、吃苦耐劳的优秀品质，孕育了女排精神的基因。

1976年，中国女排重新组建。虽然当时训练条件特别艰苦，但队员们坚持高标准、严要求，在摸爬滚打中磨炼技术，"一个球哪怕你接不住，也要拼尽全力冲过去"。在这种精神的磨砺下，女排大踏步前进，开始向世界强队迈进。1979年，在第二届亚洲女子排球锦标赛中，中国女排获得胜利，迈出了冲出亚洲、走向世界的第一步。

20世纪80年代，中国女排站上世界顶峰。

1981年11月，第三届女排世界杯在日本举办。16日傍晚，是女排世界杯决赛夜，整个中国万人空巷。随着黑白电视机里"铁榔头"郎平的一记重扣，中国队3∶2险胜对手。中国诞生了"三大球"项目里首个世界冠军！

那一夜，无数国人热泪纷飞，鞭炮声热闹如除夕。这届女排世界杯赛上，中国女排先后战胜美国、日本等世界

1985 年中国女排获第四届女排世界杯冠军

劲旅，以七战全胜的战绩首次夺得世界冠军。

1982 年，中国女排在秘鲁又获得世锦赛冠军；1984 年，在美国再夺奥运会冠军。这"三连冠"，都是在与东道主决战、天时地利都于我不利的情形下艰难取得的。

随后，中国女排又在 1985 年、1986 年接连夺得世界杯和世锦赛冠军，成就了"五连冠"的荣耀！中国女排在赛场上展现了顽强战斗、勇敢拼搏的精神面貌！

平凡孕育着伟大，平凡见证着伟大。几十年来，中国女排训练艰苦时插上国旗感召：为了明天取得骄人战绩，今天必须付出超人努力；出国参赛时，怀揣国旗远征，无论走到哪里，祖国永在心中；紧要关头时拿出国旗鼓劲，愈挫愈勇，千磨万击还坚劲。"只要带有'中国'的球衣，就是代表祖国出征。每一次比赛，我们的目标都是升国旗、奏国歌"，成为一代代女排人共同的心声。祖国至上的情怀，让中国女排遭遇再多的伤病也不言痛，面对再强的对手也不畏惧，她们敢于超越、勇于胜利，用金灿灿的奖杯来回报祖国和人民！

知识拓展

许艳梅：江西奥运夺金第一人

1988年9月17日至10月2日，第二十四届夏季奥运会在韩国汉城（今首尔）举行，中国代表团共夺得5枚金牌、11枚银牌、12枚铜牌。许艳梅在女子跳水比赛中为中国队夺得第一枚金牌，这也是江西运动健儿获得的第一枚奥运金牌。

如今，还有许多人对许艳梅的夺冠过程记忆犹新。1988年9月18日，女子十米跳台跳水决赛阶段的比赛只剩下最后一轮了，许艳梅仅比美国名将米切尔高出0.27分暂居第一。在预赛中，许艳梅只获得第三名，位于米切尔之后。那时，看台上许多美国观众摇着小旗，为米切尔欢呼、鼓掌。

牵动心弦的最后一跳即将开始！许艳梅轻轻地放下手中的书籍，平静地走上跳台。起跳，翻腾，入水，动作舒展、优美、准确，许艳梅在全世界观众的记忆中，留下了漂亮的一跳，夺得奥运冠军！

许艳梅，1971年2月出生于赣州南康，8岁进南昌市业余体校体操队，后改学跳水。13岁时她在上海国际跳水赛上一鸣惊人，此后进入国家跳水队，16岁获得了世界杯冠军，1991年退役。

6 中国青年创业在行动

青年作为社会生活中最具活力与创造力的一个群体，拥有强烈创业愿望与巨大创业潜能。为适应青年自主创业的内在要求，共青团组织利用自身的组织优势、青年优势与社会资源，发起并不断推进青年创业行动。深化中国青年创业行动，就要以创业为主题，以培养创业型青年人才为着力点，支持鼓励有创业愿望和一定创业能力的青年通过创业实现并带动就业和再就业。

20 世纪 90 年代，随着国有企业改革不断深化，下岗职工数量持续增加，青年就业形势日趋严峻。为团结带领广大青年弘扬新时期创业精神，投身创业实践，在改革开放和现代化建设的伟大实践中自觉奋斗，建功立业，1998 年，共青团中央推出"中国青年创业行动"。

"中国青年创业行动"以实施"下岗青工创业行动"为主体，基本内容包含：培养青年的创业精神、实施青年创业培训计划、深入开展"下岗青工创业行动"、开展"挑战杯"大学生创业计划竞赛、鼓励扶持不同青年群体在发展现代农业中创业。

鉴于观念在整个再就业过程中的重要性，共青团组织通过举办座谈会、研讨会和报告会，树立青年创业典型等方式积极对青年开展"观念培训"，引导青年摒弃工作有高低贵贱之分的陈旧观念和端上"铁饭碗"才算就业的传统观念。这些活动在青年中产生了强烈反响，有力地激发了广大青年的创业意识和成才意识。

帮助下岗失业青年实现再就业，仅靠在现有岗位中去挖掘、去调剂是解决不了根本问题的，根本出路在于发展经济，创造新的就业岗位。青年的创业热情是高涨的，青年的创业潜力是无限的。

全国杰出青年兴业领头人、陕西西安"小六汤包"连锁店总经理张安新依靠自主创业，致力于实现自己的创业梦想。有谁会想到，这个意气风发的知名企业的老板，曾是西安市某饭店的一个下岗职工。

"当时就觉得丢不下老本行，开了个小馆子。"1998 年，是张安新事业发展的重要一年。他成为共青团西安市委"帮助青年创业计划"的受益人。团市委协调西安市工商银行为他提供了 10 万元低息贷款，为他扩大经营规模提供了资金支持。此后，他连续开办了几家连锁店，建成了"小六汤包"配送中心，成立了现代连锁餐饮公司。

从 1999 年起，全国高校进行扩大招生改革，此后，全国高校毕业生每年以 70 万左右的速度急剧攀升，高校毕业生就业压力空前增大。

总体来看，在全国适龄就业人口、国企下岗失业人员、城镇新增劳动力、农村富余劳动力、进城务工人员中，青年占很大比例。

2003 年 7 月，共青团十五大提出"要促进青年就业创业，抓好就业引导、就业培训、就业服务等环节，鼓励、扶持青年创业，协助做好高校毕业生的就业工作。要帮助

大学扩招后的招聘会

下岗失业青年、农村贫困青年、进城务工青年等有特殊困难的青年群体解决实际问题",对全团服务青年就业创业工作做出更加具体的部署和安排。

各级团组织从培训技能、对接岗位等方面入手,推出一系列项目。2003 年 11 月,共青团中央、中华全国青年联合会、中华全国工商业联合会共同倡导发起"中国青年创业国际计划"(YBC)。2004 年 4 月,团中央、全国学联启动"大学生就业见习行动"……

共青团组织始终坚持服务大局、服务青年,把促进青年创业就业作为全团工作的重中之重,根据国家经济社会发展和青年成长发展需求,整合资源、创新项目、搭建平台、建设机制,深入推进"中国青年创业行动",努力帮助青年实现就业、成功创业,动员青年为社会主义现代化建设贡献青春力量。

新的历史条件下,共青团促进青年创业就业工作,立足于团的组织优势、工作优势,服务于青年成长发展中的迫切需求,取得了广泛的社会成效,拓展了共青团的工作空间,彰显了新时期共青团服务大局、服务青年的过硬作为,成为动员青年贡献国家经济社会发展的重要品牌。

📖 知识拓展

创新创业，梦圆赣州

习近平总书记指出，"当代中国青年生逢其时，施展才干的舞台无比广阔，实现梦想的前景无比光明"。赣州市布局建设一批数字经济产业园、科创产业园，量身打造青年创业孵化平台，发展面向青年、面向未来的战略性新兴产业。充分利用国家部委对口支援优势和深（圳）赣（州）对口合作机制，出台含金量高的人才政策，组建并市场化运营赣州人才集团，推动各县（市、区）、龙头企业建设"科创飞地""人才飞地"，吸引更多人才在赣州创新创业。用好中国科学院赣江创新研究院、国家高层次人才产业园等重大平台，与大院大所、名校名企合作共建高端研发机构，实施科技创新赋能青年揭榜挂帅攻关行动，帮助青年人才科研攻关，促成科研成果落地转化。扎实开展"人才留赣"工作，实施大学生能力提升"展翅计划"，常态化举办高校毕业生留赣就业专场活动，吸引更多优秀大学生留赣就业创业。完善青年创业金融支持体系，每年新增创业担保贷款 20 亿元以上，为青年创新创业赋能加力。针对青年致富带头人、返乡创业大学生等群体开发推广"青"字号专属金融产品，满足创业青年的多样化金融服务需求。

第四编

自信自强、守正创新

中国特色社会主义进入新时代，实现中华民族伟大复兴的任务依然艰巨，仍需不断跋山涉水。新时代广大青年生逢其时、重任在肩，他们大力弘扬伟大改革开放精神，以"青春是用来奋斗的、奋斗的人生最幸福"之胸襟情怀，怀着自信的心态，勇做全面深化改革开放的强大生力军、勇敢突击队、接续奋斗者，不断放飞梦想、激扬青春，书写无愧于时代的壮丽篇章，真正成为担当民族复兴大任的时代新人。

1 青春闪耀支教路

习近平总书记强调，"人才培养，关键在教师"。强国必先强教，强教必先强师。教师之所以重要，是因为教师做的是塑造灵魂、塑造生命、塑造人的工作。习近平总书记还指出，"一个人遇到好老师是人生的幸运，一个学校拥有好老师是学校的光荣，一个民族源源不断涌现出一批又一批好老师则是民族的希望"。

青年始终是实现民族复兴的先锋力量。青年一代有理想、有本领、有担当，国家就有前途，民族就有希望。而作为培育新人的青年教师更是如此。

徐本禹以优异成绩从华中农业大学硕士毕业后，出人意料地选择到贵州贫困山区义务支教。有人说，徐本禹支教所发挥的作用，只不过像一盏微弱的小橘灯。然而，这盏用生命之火点燃的小橘灯，所发出的执着光亮，所传递的炽热情怀，却感动了中国。

让青春的花朵在贫瘠的土地上绽放，让生命的意义远远超出生命的时限。这种炽热情怀饱含人类大爱，这种炽热情怀传递着善与美！出身于山东聊城农村贫困家庭的徐本禹，被贫困磨砺过意志，被关爱滋养着心灵，并从感动中领悟着善与美，获得了成长的力量。

的确，一个常常能被感动的人是善的，善的人生是美的。"有的人一辈子收获不了一滴眼泪……我几乎每天都被感动包围。"这是徐本禹在支教时写下的。套用艾青的著名诗句来追问：为什么他的眼里常含泪水？因为他对需要帮助的人爱得深沉。

这种炽热情怀最终升华为责任担当。支教之于徐本禹，就像丛飞资助困难学生一样，都是他们"生命中不可放弃的责任"，因此才不会因艰苦而退缩、因困难而放弃，不会被物欲所迷惑，就是睡在草席上，也会做着锦绣的梦，唱出欢乐的歌。我们需要这样的英雄情怀，需要这样的人间大爱，需要这种"毫不利己、专门利人"的精神！

一盏小橘灯的光亮虽微弱，但千千万万束光亮就会让世界变得明媚温暖。徐本禹说得好，"就算没有力量去改变，也有责任去关注"。同徐本禹一样的青年人还有很多很多，他们也许生活在低处，但他们的灵魂却始终在高处。

"在山村支教靠的不是心血来潮，而是骨子里对这份事业的热爱，和孩子们一起成长的幸福是我最大的收获。"2019 年获得"中国青年五四奖章"的袁辉这样总结自

中国石油大学（华东）支教志愿者在贵州毕节开展暑期乡村夏令营活动

己多年的志愿支教经历。

　　袁辉是一个看似极普通的年轻人，可是他在支教岗位上做出了不平凡的事迹。

　　2012 年 9 月从南京大学历史系本科毕业后，袁辉放弃了城里优渥的工作条件，只身来到湖北省恩施土家族苗族自治州巴东县清太坪镇姜家湾教学点支教。

　　大山深处的巴东县当时是国家深度贫困县，姜家湾教学点距离巴东县城有 2 个小时的车程，共有 27 个孩子、2 个班，教学条件相当艰苦。就是在这种情况下，袁辉知难而上，上午给一、二年级教语文，下午给学前班教数学。

初来乍到，一切都要重新学习，向当地村民学习、向教学点的老师学习、向孩子们学习，学说方言、学习他们待人接物的方式、学习他们的热情与朴素。

尽管会有人不理解，会有人讥讽，会有人怀疑，但袁辉认为，尽量把每一件小事都做好、把每个孩子都照顾好，那些不解、讥讽和怀疑就自然会烟消云散；在基层工作，脸皮厚实点、心胸放宽点最好，把吃亏当成磨炼，把困难当作机会，忍辱负重，埋头苦干，我们才可能有进步，才可能获得更多人的理解和支持。

2014 年 3 月，袁辉来到巴东县清太坪镇白沙坪小学。除了每天在校内上 6 节课之外，他还教起了"一个人的课堂"。住在清太坪镇青果山村的青青（化名）因患病无法到校上课，袁辉便主动无偿为青青上门送教，十多公里的山路，袁辉每周往返三趟，从未间断。

天气好他就骑摩托车去，摩托车骑坏了两辆；遇到雨雪天气只能步行前往，曾经摔得浑身是泥。青青在学习上取得了优异成绩，还制作了许多手工艺品，它们在义拍会上广受欢迎。

山村的孩子大多数是留守儿童，常年见不到父母，还有不少来自单亲家庭。袁辉乐观阳光，尤为关注学生的心理健康。帮助山区的留守孩子们活得自信、学得快乐、健康成长，是他追求的目标。课上，他总能用别致的设计、幽默的语言，让孩子们学在其中、乐在其中；课下，他和孩子们一起聊天、下棋、做游戏。他讲课有新意，学生喜欢听，因此，他还常被附近的中小学请去授课，深受孩子们的喜爱和尊敬。

支教多年来，袁辉战胜了环境上的重重困难，始终不忘初心、无私奉献，充分展现了一位青年志愿者的担当与奉献。

支教真正的意义不仅是社会实践，更是一场心与心的对话、一场对梦想的追逐。他们用青春的激情点燃孩子们纯洁、童真的梦想，传播知识的同时，也在传播一种"生命不息，奋斗不止"的正能量。"使人成熟的，并不是岁月，而是经历。"青春是用来奋斗的，也是用来回忆的，只有奋斗过的青春才值得回忆，奋斗的青春最美丽！

知识拓展

读懂"大眼睛"苏明娟背后的自强自立

1991 年，记者解海龙拍摄了一组《我要读书》的照片，其中一张是年仅 8 岁的安徽金寨农家女孩苏明娟，她手里握着笔，眼睛里流露出对知识的渴望。这张照片后来被中国青少年发展基金会选为"希望工程"宣传标识，苏明娟由此成为全国人民熟知的"大眼睛"。

时光如梭，当"大眼睛"再一次进入公众视线，当年那个小姑娘已经成为一位母亲；"大眼睛"的希望之灯被点亮，接受了高等教育，进入银行系统工作。"越努力，越幸运"，在她身上得到了淋漓尽致的发挥。

"大眼睛"通过读书打破了出路单一化、人生定型化的"宿命"，让自己的人生拥有更多的可能性。与那些"辍学—打工—结婚生育—打工"的农村小伙伴相比，苏明娟的命运显然得到了改变。这里面既有外部帮扶的因素，又是她个人努力奋斗的结果。

"大眼睛"能够从贫困的山村流动到繁华的都市，拥有与一些"不爱读书"的小伙伴完全不一样的人生，根源于她对"知识改变命运"笃定的价值认同。在物质生活渐次丰盈的当下，一些农家子弟并非上不起学，却过早地放弃了参与教育竞争。一些农家子弟认为，反正读了大学也找不到好工作，不如早点出去打工挣钱，过上所谓的"潇洒的生活"。直到他们感受到了市场的坚硬与冰冷之后，才会有"多么痛的领悟"。

"只要有一个上学的，这个家里就有希望"，路遥先生所著的长篇小说《平凡的世界》里，入木三分地刻画出孙少平这样一个寒门学子的形象。孙少平和"大眼睛"尽管都没有大富大贵，但他们所拥有的自强自立的精神却超越了时间，感染和影响了一代又一代人。

（改编自杨朝清：《读懂"大眼睛"苏明娟背后的自强自立》)

2　做脱贫攻坚的实干家

党的十八大以来，以习近平同志为核心的党中央把脱贫攻坚作为全面建成小康社会的底线任务和标志性指标，作出一系列重大部署。党的十九大后，党中央把打好脱贫攻坚战作为全面建成小康社会的三大攻坚战之一，持续高位推进，脱贫攻坚力度之大、规模之广、影响之深前所未有，取得了决定性成就。在全面打赢脱贫攻坚战的征程中，各级团组织和广大团员青年积极投身、奋发作为，涌现出一批优秀青年，他们以实际行动，把小我之志向融入大我，用最美青春书写年轻人的担当，勇敢扛起历史使命与担当。

四川省凉山州昭觉县特布洛乡的谷莫村平均海拔约2100米，是典型的大小凉山集中连片特困地区贫困村，贫困发生率达22.96%。实施精准扶贫之前，谷莫村群众"出行基本靠走、通信基本靠吼"，生产方式原始粗放，靠天吃饭，居住条件十分恶劣。

2015 年 10 月，罗雅宏从凉山州盐源县大草乡麦架坪村第一书记转任昭觉县谷莫村第一书记。驻村以来，他一心扑在工作上，下村常常一住就是一个多月。在罗雅宏带领下，谷莫村走出了一条多维融合发展的脱贫攻坚新路子。2016 年、2017 年连续两年，谷莫村年人均纯收入增长都在45% 以上。罗雅宏不愧是无数奋战在脱贫攻坚一线的第一书记、驻村干部、大学生村干部的优秀代表！

"80 后"云南乡村干部李忠凯，曾因提拔的公示照上满头白发而走红网络，使他白头的并不是岁月的风霜，而是他在脱贫攻坚工作中几年如一日的认真态度和艰辛付出，映射上了根根白发。

在"七一勋章"的获得者里，有位姑娘将生命永远定格在了 30 岁。她叫黄文秀，生前是广西百色乐业县新化镇百坭村第一书记。2019 年 6 月 16 日晚，黄文秀从百色市返回百坭村途中遭遇山洪不幸牺牲。

黄文秀是北京师范大学硕士研究生，毕业时原本有机会留在城市工作和生活，但她没有这样做，而是毅然决然回到家乡，来到农村，一心帮助村民脱贫致富。"是党让我家变好，我要入党，回报于党；是家乡养育了我，我就应该学成归来，回报家乡；是祖国培养了我，我就到祖国最急需的地方，做最恶难险重的工作，回报祖国。"黄文秀生前曾如是说。

黄文秀生前的工作照（新华社 发）

　　"用青春兑现诺言的日子，再苦再累都值得了"的全国脱贫攻坚先进个人胡钧溥，"不畏风险、冲锋在前、忠诚担当、恪尽职守"的李夏，他们像一个个战地英雄，用青春甚至生命诠释了脱贫攻坚精神，激励了千百万"战友"风雨无阻，高歌前行。

　　习近平总书记指出："担当大小，体现着干部的胸怀、勇气、格调，有多大担当才能干多大事业。"实干在脱贫攻坚战一线的青年，用频传的出列摘帽喜讯回应着时代命题。

　　如今，乡村振兴的大幕已拉开，在乡村振兴的新舞台上，正掀起一股强劲的青春风暴！越来越多的年轻人投身于乡村振兴的事业中，涌现出了一大批"新乡贤""猪状元""鸡大夫"，这些新时期的年轻人在广袤的农村大地上大显身手、大有作为。

千千万万奋战在一线的青年第一书记和驻村干部，在这场没有硝烟的战斗中，积累了经验，获得了党和人民的信任，他们是未来中国的中流砥柱。

知识拓展

大力弘扬脱贫攻坚精神

伟大事业孕育伟大精神，伟大精神引领伟大事业。

同困难作斗争，是物质的角力，也是精神的对垒。面对贫困这个人类社会的顽疾，党和人民披荆斩棘、栉风沐雨，不仅完成了消除绝对贫困的艰巨任务，创造了又一个彪炳史册的人间奇迹，而且锻造形成了脱贫攻坚精神。

人无精神则不立，国无精神则不强。在脱贫攻坚伟大斗争中，全国上下以共同意志、共同行动，完成了这项对中华民族、对整个人类都具有重大意义的伟业，极大增强了全党全国各族人民的自信心和自豪感、凝聚力和向心力。"上下同心、尽锐出战、精准务实、开拓创新、攻坚克难、不负人民"，2021年2月25日，在全国脱贫攻坚总结表彰大会上，习近平总书记对脱贫攻坚精神的精辟概括，深刻阐明了我们党团结带领全国各族人民进行脱贫攻坚伟大斗争的精神实质，深刻揭示了脱贫攻坚战取得全面胜利的力量源泉。正如习近平总书记深刻指出的："脱贫攻坚精神，是中国共产党性质宗旨、中国人民意志品质、中华民族精神的生动写照，是爱国主义、集体主义、社会主义思想的集中体现，是中国精神、中国价值、中国力量的充分彰显，赓续传承了伟大民族精神和时代精神。"在中华民族伟大复兴的征程上，脱贫攻坚精神筑起一座新的精神丰碑，必将成为推动新时代中国发展进步、战胜一切风险挑战的重要精神动力。

3 中建青年，盖高楼更浇筑希望

　　中国已经成为世界上最强大的基础设施建设国家。强大的基建力量，为中国的经济和社会发展提供了强有力的支撑，极大地提升了人们生产生活的效率。在世界上，中国基建"无所不能"的形象也已深入人心，被誉为"基建狂魔"。中国基建巨大成就的背后，浸含着中国青年基建人的智慧和汗水。

　　从埃及首都开罗驱车出发，向东 50 多公里，目之所及的是 20 座高层建筑，而高达 385.8 米的"非洲第一高楼"——标志塔最为显眼。这是中埃合作建设的埃及新行政首都中央商务区项目。

　　2023 年是中国提出共建"一带一路"倡议 10 周年。"中国建筑不仅是在盖房子，在那一座座拔地而起的建筑中，也在给当地百姓浇筑出生活和未来的希望。"总工程师田伟对此感受深刻。他和中埃青年工程师以及上万名中埃青年建设者一起在"一带一路"的舞台上建功立业。作为中建集团"建证力量"青年宣讲团中的一员，他相信，用看得见的高楼、留得下的技术能助力埃及这个古老的国度焕发新的生机。

沙漠起新城，通常来说，最快也需要 6 至 8 年时间。"埃及同行非常震惊，他们没想到中国人只用了 3 年。"田伟说。

除了在国外披荆斩棘，更多的中建青年在为建设"绿富美"的现代生态新农村而挥洒汗水，播种希望。

2019 年，中建二局的牛军帅被派驻到甘肃省何家沟村任第一书记，面临着从建房子到扶贫助农的新挑战。

"山高沟深、土地贫瘠、缺乏产业"是何家沟村留给牛军帅的第一印象。最初，他对当地方言一窍不通，好不容易找到了产业脱贫的路径，"报名摊"却无人问津；他经历了独自驾车找专家"取经"菌菇种植经验时，差点连人带车掉落悬崖的九死一生的险境，却一直没有退却。

如今，他和团队帮助村里建成了种植大棚、冷库、烘干车间，何家沟村菌类种养殖农民专业合作社产出的"康乐香菇"畅销全国 31 个省份，贫困发生率高达 22.19% 的何家沟村成功脱贫，他因此多了一个"香菇书记"的称号。

祖力尼尔尔·买买提从小就生长在新疆这片美丽的土地上。她曾考上了"内高班"，从新疆阿克苏前往广州求学。临近大学毕业，不少人劝她留下。而她感受到"西部大开发"战略的热切召唤，选择回到家乡，入职中建新疆建工。

在乌鲁木齐的工地上，她和几乎清一色的男子汉一起，战风斗沙，肆虐的蚊虫跳蚤在她脸上留下痕迹，她也没打过退堂鼓。

工作中，她结识了阿不都热合曼奶奶，这位老人祖祖辈辈都在新疆英吉沙县荒地村生活。那些年，村子里几乎都是土墙和木头搭起来的"干打垒"土房子。

中建新疆建工的帮扶工作从开展富民安居房改造开始，铺路、盖房、走水电、做绿化、建幼儿园样样不落。他们跟呼啸的北风赛跑，和严寒抢工期，每天累得连话都不想说，终于建成了一座座新房。新房交付的那天，阿不都热合曼奶奶给队员们戴上她亲手做的杏核项链，拉着大家的手，不停地说，"这个杏核长得就像我的心一样，代表了我的心意，谢谢你们给大家带来的美好生活和希望！"

高楼平地起，青年建设者浇筑的希望，就在那每一块砖、每一面墙里。

邹彬曾经是位普通的砌墙工。18岁那年，他放弃每月上万元的收入，参加集训，争取到世界技能大赛砌筑项目选拔比赛的机会。

世界技能大赛的砌筑项目比的是艺术墙砌筑，有时候一刀下去，红砖直接碎成好多块，没法再用；有时候，切好的砖块太长或太短，还得返工……由于经验不足、方法不对，邹彬经历了很多次失败。但他并不气馁，即便受伤，也只是简单处理一下，就回到岗位上。

苦练一年，邹彬迎来脱胎换骨的机会，只要是他出品的墙面，纵横两向的灰缝都能控制在1厘米以内，砖面清清爽爽。

第四十三届世界技能大赛上，邹彬完成的墙面上，每一根线条都清晰流畅，具有很高的观赏价值。最终，他获得优胜奖，这也是中国工匠在世界技能大赛砌筑项目上取得的第一枚奖牌。邹彬用执着与奋斗砌出了人生出彩的舞台。

2015年，从英国剑桥大学博士毕业的齐贺回国，成为中建科技的首批员工，和同伴一起通过"揭榜挂帅"组建中建科技"光储直柔"技术攻关团队。目前，团队研发实施的全球首个运行中的"光储直柔"建筑，已在深汕特别合作区中建绿色产业园高效平稳运行一年，年节电超10万度，减少碳排放超47%，相当于植树16万平方米，有效突破了建筑能耗高、能源结构单一的瓶颈。

中国"基建狂魔"一直是网络热词。中建青年坚信，"脚下带泥"，才能踩出未来的方向；不断地突破创新，才能在科技自立自强中争得一席之地。

（改编自刘胤衡：《基建狂魔，盖高楼更浇筑希望》，原载《中国青年报》2023年2月23日）

知识拓展

中国基建有多强?

中国基建到底有多强? 从铁路、公路、机场、港口和水利等方面的建设成就, 可以窥见一斑。

一、铁路。中国的铁路网已经成为世界上最大的铁路网之一。截至 2022 年底, 全国铁路营业里程达到 15.5 万公里, 其中高铁 4.2 万公里, 占全球高速铁路总里程的 70% 以上。

二、公路。中国公路总里程超过了 600 万公里, 其中高速公路已经超过 15 万公里。中国高速公路的建设速度极快, 每年新增高速公路里程都在 2000 公里以上, 这已经超过了欧洲和北美洲的总和。

三、机场。截至 2022 年, 中国拥有 400 多个民用机场, 其中 120 多个机场已经开通了国际航线。中国新建的一系列世界级的大型机场, 如北京大兴国际机场、成都天府国际机场等, 以其超前的设计、巨大的吞吐量等, 为世界瞩目。

四、港口。截至 2021 年底, 中国拥有 300 多个港口, 其中约 30 个港口吞吐量超过 1 亿吨。全球 10 大港口中国占 7 个, 其中宁波舟山港第一, 上海港第二。

五、水利。中国是世界上最大的水利工程建设国家之一, 已经建成了一系列大型水利工程, 如南水北调、三峡工程、黄河风沙治理工程等。值得一提的是, 世界十大水电站排行榜, 中国独占一半。

4 "北京明白"是怎样炼成的

强国有我、叩问苍穹。有一群年轻人，他们饱含激情、昂扬斗志，用智慧和汗水，浇灌着祖国的"飞控"事业，用青春无悔托起伟大的航天强国梦。

他们平均年龄不到 35 岁，80% 以上毕业于"双一流"高校和学科，91% 是硕士、博士；他们置身航天测控最前沿，多次操控航天器创造了一连串"中国奇迹"……他们，就是承担着我国载人航天工程、探月工程、行星探测工程飞行控制和航天器长期管理任务的"飞控青年团队"。

"北京明白"，是一句调度口令。"我们听到了大家向我们报告的信息，听清楚了，并且知道下一步该如何去继续组织任务。"北京航天飞行控制中心调度团队成员高健这样解释这四个字的意思。高健说，它既是一句简单的调度口令，又是北京航天飞行控制中心调度团队的外号，更是连接着天地之间的一份安全感。

调度组组长、资深"北京明白"杨彦波是在神舟八号与天宫一号交会对接任务中，身为副岗的他被电视直播镜头"盯上"的，一时成为网友热议的"神八哥"，算是"北京明白"的"初代网红"。而28岁的高健，则是近两年因为空间站任务而"火"起来的"新生代网红"。

调度团队的前辈曾经总结过做"北京明白"的条件：智商、情商、体商"三商"俱全，缺一不可。航天测控在太空过招，没有过硬的技术本领不行；航天是万人一杆枪的事业，航天测控更是万人牵着一根线，很多工作需要各系统之间协调得天衣无缝，有时候某种微妙的语气、说话技巧，都会决定协调工作的成败，没有高超的"情商"不行；航天任务高密度、高难度、高强度，特别是航天测控，经常需要十几个小时甚至几天连续高强度运转，没有过硬的身体素质不行。

当"北京明白"的两年里，高健对于任务已经驾轻就熟。

2021年9月16日，神舟十二号飞船在完成空间站阶段首次载人飞行后，在飞控中心的精心操控下撤离空间站组合体。次日，就在即将进入推返分离时，科研人员突然发现地面导航数据有波动，申请屏蔽地面导航参数进行修正和测试。而此时，距离推返分离还不到2分钟。关键时刻，高健顶住压力，在推返分离前利用仅剩的1分钟测控弧段，顺利完成了指令复核与发送。最终神舟十二号飞船以"十环"的高精度返回东风着陆场，创造了神舟飞船落点精度新纪录。

"看似寻常最奇崛，成如容易却艰辛。"如今，在"北京明白"这个岗位上，像高健这样的青年新秀，已经算得上"元老"了。

经历了落月、绕月，中国探月工程终于在嫦娥五号任务迎来了更艰巨、更复杂的任务——"采样返回"。去38万公里外的月球，无法携带更多的燃料余量，近月制动、四器分离、环月降轨、挖土封装、月面起飞、月轨对接、地月入射等等，每一个节点都要环环相扣，任何一个地方脱节，都将带来不可挽回的损失。

这对飞控中心的测控技术提出了前所未有的考验。总体规划团队、轨道设计团队、研发创新团队、遥操作团队等兵分多路，展开了一场艰难的技术攻关。

针对最难的月球挖土方案，"数学才子"刘传凯再次突发奇想，他和团队攻关研发了一套"月球专用导挖技术"，这样可以提高挖土效率，达到实现目标的好办法。他们编写了如何控制机械臂挖土、装土的一系列模拟程序，用数学的方式解决了"看着挖"的问题，吃透了"月球挖土技术"。

从发射入轨到近月制动，从降落挖土到封装起飞、月轨对接、地月入射高速返回，总体规划团队研究制作了每个飞行日详细的测控规划，关键环节精确到几分几秒。

担任嫦娥五号采样返回任务的"北京"总调度鲍硕，是唯一的女版"北京明白"。回想起月球采样返回过程，鲍硕至今还抑制不住那份激动。连续40多小时、两千多条口令、两万多条语句，她从头至尾调度口令流利清晰，全部准确无误。

探火，是飞控中心继嫦娥探月之后，又一次遥操控外星球巡视的"神话"。相比于火星与地球4亿公里的距离，地月38万公里的旅程实在是小巫见大巫。而对于飞控人来说，火星探测就是一场与光速赛跑的旅行。

毕业于北京大学的数学博士金文马负责规划火星探测总体方案。那段时间，金文马和团队天天协调相关科研院所、测控站，上百次开会讨论，对接、测试、联调、验证、改进，推陈出新，有关火星测控的一系列创新方案逐一落地。

航天永远不会落幕，攀登永远不会停步。一代又一代接力者正负重前行，轨道团队、软件团队、总体团队、调度团队、操控团队、长管团队、研发团队、支持团队……这群"飞控青年"以渊博的学识、过人的技艺、顽强的意志、不懈的坚持，在键盘草纸上破解宇宙密码，在星辰大海间追赶世界前沿。

（据人民网通讯改编，原作者赵竹青、王天乐）

📖 **知识拓展**

中国载人航天飞行任务

飞船名称	发射时间	搭载航天员
神舟五号	2003 年 10 月 15 日	杨利伟
神舟六号	2005 年 10 月 12 日	费俊龙　聂海胜
神舟七号	2008 年 9 月 25 日	翟志刚　景海鹏　刘伯明
神舟九号	2012 年 6 月 16 日	景海鹏　刘　旺　刘　洋
神舟十号	2013 年 6 月 11 日	聂海胜　张晓光　王亚平
神舟十一号	2016 年 10 月 17 日	景海鹏　陈　冬
神舟十二号	2021 年 6 月 17 日	聂海胜　刘伯明　汤洪波
神舟十三号	2021 年 10 月 16 日	翟志刚　王亚平　叶光富
神舟十四号	2022 年 6 月 5 日	陈　冬　刘　洋　蔡旭哲
神舟十五号	2022 年 11 月 29 日	费俊龙　邓清明　张　陆
神舟十六号	2023 年 5 月 30 日	景海鹏　朱杨柱　桂海潮

注：以上发射任务的地点都在甘肃酒泉卫星发射中心。

5 以强军梦托起中国梦

"青年兴则国家兴，青年强则国家强。"习近平总书记在党的十九大报告中指出，中华民族伟大复兴的中国梦终将在一代代青年的接力奋斗中变成现实。在风华正茂的年华，我们最大的幸运，莫过于能在祖国强盛、改革强军的征程中成长进步。作为新时代青年人，我们要大力发扬红色传统，传承红色基因，赓续红色血脉，敢于善于创新，勇于担当实干，主动将自己的青春梦融入强军梦当中。

"今天，我们比历史上任何时期都更接近中华民族伟大复兴的目标，比历史上任何时期都更需要建设一支强大的人民军队。"习近平主席在庆祝中国人民解放军建军90周年阅兵时的重要讲话中，明确了新形势下国防和军队建设的战略定位，发出了建设世界一流军队的总动员令。

民族的复兴、国家的发展，从来没有像今天这样，与人民军队的强弱兴衰密切相关。今天，我国已成为世界第二大经济体，但国防实力与我国的国际地位还不太相称，与国家安全发展利益还不相适应。在尽可能短的时间内，使国防实力有一个大的提升，正是实现中华民族伟大复兴的重要保证。

历史上，从鸦片战争、甲午战争到抗日战争，由于列强的铁蹄践踏，我国的发展进程多次被打断。冷静地看，保持对国家被侵略、被颠覆、被分裂的危险以及改革发展稳定大局被破坏的危险的警惕性，并非没有现实依据。我国正处于由大到强的关键阶段，遇到的阻力和压力会越来越大，面临的外部风险会越来越多。相对于落后挨打，大而不强面临的挑战更复杂。如果不能锻造一支召之即来、来之能战、战之必胜的精兵劲旅，就很难实现和平发展。从历史上看，人民军队的战斗力提升有目共睹。习近平总书记也用三个"不愧是"高度评价了人民军队：我们的人民军队不愧是听党指挥的英雄军队，不愧是忠心报国的英雄军队，不愧是为中华民族伟大复兴英勇奋斗的英雄军队。

也要看到，我国面临的安全形势复杂多变，这对人民军队的建设是一个挑战。党的十八大以来，以习近平同志为核心的党中央立足国家安全和发展战略全局，明确提出党在新形势下的强军目标，提出一系列重大战略思想、理论观点、决策部署，开辟了党的军事指导理论新境界。政治建军旗帜高扬，改革强军大刀阔斧，科技兴军振羽高翔，

2019 年 10 月 1 日，中国人民解放军仪仗方队走过天安门广场

依法治军纲纪严明，人民军队全面重塑，三军将士士气高昂，在中国特色强军之路上迈出了新的重大步伐。

不过，我们的目标是"世界一流军队"，参照系是世界，而不是自己与自己比、与历史上的军队比。评价一支军队建设水平是否达到世界一流，通常要看六个主要指标：武器装备、组织形态、作战体系、人才队伍、训练水平和军事理论。这六个方面相互联系，缺一不可。一次次气势磅礴、威武雄壮、战味十足的阅兵，展示出了我军一流的训练水平、联合素养和精神风貌。尤其是先进武器装备纷纷亮相，表明我军已经告别"钢少气多"的过去，以"气多钢优"的英姿展示在世人面前。这是我们的底气所在，世界一流并不遥远。

能打仗、打胜仗，是党和人民对军队的根本要求。然而，打得赢的"能力坐标"不是一成不变的，而是随着战争形态和作战样式不断变化。未来的战争将从机械化转向信息化，从"钢铁比拼"变成"硅片较量"。令人欣喜的是，人民军队在这方面取得了长足进步，无论装备、编制、指挥体系，还是部队的战场适应性与控制力，都跟上了军事现代化的世界潮流。

一位青年士兵说得好："从我们这一代起，中国疆土将不再给任何国度的军人提供创造荣誉、建立功勋的机会！"我们的人民军队有信心、有能力打败一切来犯之敌，有信心、有能力为实现伟大中国梦提供坚强力量保障。

知识拓展

中国梦

中国梦，是习近平总书记提出的重要指导思想和重要执政理念。2012 年 11 月 29 日，中共中央总书记习近平在参观国家博物馆"复兴之路"展览时，第一次提出了"中国梦"的概念。他说："大家都在讨论中国梦。我认为，实现中华民族伟大复兴，就是中华民族近代以来最伟大的梦想。"

"中国梦"的核心目标也可以概括为"两个一百年"的目标，也就是：到 2021 年中国共产党成立 100 周年时，全面建成小康社会（这个目标已经实现）；到中华人民共和国成立 100 年时，全面建成社会主义现代化强国。中华民族的伟大复兴具体表现是国家富强、民族振兴、人民幸福，实现途径是走中国特色社会主义道路、坚持中国特色社会主义理论体系、弘扬民族精神、凝聚中国力量，实施手段是政治、经济、文化、社会、生态文明五位一体建设。

2017 年 10 月 18 日，习近平总书记在党的十九大报告中指出，实现中华民族伟大复兴是近代以来中华民族最伟大的梦想。中国共产党一经成立，就把实现共产主义作为党的最高理想和最终目标，义无反顾肩负起实现中华民族伟大复兴的历史使命，团结带领人民进行了艰苦卓绝的斗争，谱写了气吞山河的壮丽史诗。习近平总书记指出，实现伟大梦想，必须进行伟大斗争，必须建设伟大工程，必须推进伟大事业。

6 冬奥志愿服务："最美的城市名片"

"一张最美的城市名片。"这是 2008 年北京奥运会后，赛会志愿者们得到的评价。14 年后，北京冬奥会上 1.8 万余名赛会志愿者，以专业细致的服务和饱满的精神状态，再次将"最美的城市名片"擦亮。

"就像所有运动员一样，你们也证明了我们只有团结一致，才能实现更快、更高、更强。"2022 年 4 月 7 日，国际奥委会主席巴赫致信北京 2022 冬奥会全体志愿者，对他们的付出表示钦佩和感谢。

远离赛场的精彩与火热

"2008 年北京奥运会，作为一名城市志愿者，我的岗位在鸟巢边；2022 年北京冬奥会，作为一名城市志愿者，我的岗位在望京 SOHO，这一次虽远离赛场，可我们的志愿服务同样精彩。"北京城市志愿者，北京市朝阳区望京李楠社会工作事务所原党支部书记、副主任李玥如是说。

2022 年 1 月 25 日，北京冬奥会城市志愿者全面上岗。望京 SOHO 城市志愿服务站也正式开启了服务工作。作为一名"双奥"志愿者，李玥在接下来的两个月时间里与服务站中来自社会各界的志愿者一起，为市民提供引导、信息咨询、文明宣传、文化传播、助残服务等形式多样的志愿服务。李玥说："我们望京 SOHO 城市志愿服务站虽然不在冬奥场馆周边，但这里人流量大，志愿服务同样大有可为。"

参加过北京 2008 年奥运会和残奥会、庆祝中国共产党成立 100 周年大会等重大活动志愿服务，被评为"最美社工"的李玥，在冬奥志愿岗位上岗的第一天就成了志愿服务团队的主心骨。据李玥介绍，她所在的社会工作事务所，40 余名志愿者和其他两个服务团队轮流值守望京 SOHO 城市志愿服务站。

上岗十几天，一些学生志愿者问李玥，"我们不在赛场服务，能为冬奥做些什么？"李玥总是笑笑，用行动带领志愿者们寻找归属感。2022 年 1 月 22 日，北京普降小到中雪，服务站的志愿者们一到岗，主动和附近的物业人员、保安员们一起扫雪铲冰，为市民清理出一条条道路。

整个志愿服务时段，李玥和服务站的城市志愿者们做了，也遇到了不少暖心的小事儿。赶着上班的年轻姑娘手划破了，找到服务站求助，李玥拿出急救箱，先用碘伏消毒，再贴上创可贴，小伤处理 1 分钟搞定；邀请市民在大红的祝福长卷上写下对冬奥会、冬残奥会的祝福。交谈中他们发现，一位写下"把冠军留在中国"的小哥哥竟然是一位台湾同胞……

"我们不在赛场内服务，可城市志愿者传递出的温度同样火热，只要用心去做，不管在哪个岗位都是在为北京冬奥会、冬残奥会服务。"李玥说。

用最美的微笑表达敬意

冬奥会上，专业志愿者在志愿者大家庭中扮演着非常重要的角色。

李杨宁是北京体育大学体育经济与产业方向研究生，在北京冬奥会期间，她加入国家高山滑雪中心颁奖礼仪团队，成为一名颁奖礼仪志愿者。

每次运动员走上领奖台时，礼仪志愿者们都以最佳的仪态和最美的微笑向运动员表达敬意。

得知有机会成为一名冬奥会礼仪志愿者时，李杨宁毫不犹豫地报了名。经过多轮选拔，自身条件、学科背景和外语能力均符合要求的她如愿入选。但入选仅是过了第一关，艰苦的第二关——"培训关"又接踵而至。2021 年，李杨宁和其他礼仪志愿者一起，参加了为期一个月的专业培训。内容既有手位、步伐等基本动作的训练，也有舞蹈、表情管理等气质提升课程。李杨宁说："我不是科班出身，说实话最开始训练时觉得很难，但老师一直在鼓励我们，大家也都坚持下来了，在自身仪态和礼仪规范方面都有了明显进步。"

第三关是场馆的实战训练。冬奥会比赛开始前，礼仪志愿者们在场馆老师的带领下，要反复走颁奖流线，确保完全熟悉，无空白点。国家高山滑雪中心是室外场馆，颁奖也要在户外进行，最冷的几天体感温度都在零下20多摄氏度，风也特别大，这对礼仪志愿者来说是严峻的考验，她们还要做指引服务或端着盛有奖牌的托盘候场。

"在颁奖广场上的这几分钟，凝聚的是运动员多年的汗水和努力，是他们最高光的时刻。所以不管天气条件有多不适，我们都要表现出最好的状态，向运动员致敬。"这是李杨宁和伙伴们的心声。

而随着赛事的进行，李杨宁又迎来了第四关。无论是指引运动员到领奖台，还是到媒体区接受采访，礼仪志愿者都需要灵活调整手势，并用眼神和运动员交流。经过一次次实战，李杨宁的动作越来越娴熟，呈现也越来越完美，将中国青年的风采展现在全世界面前。

（节选自刘洋、王薇、张月朦等：《片片"雪花"暖冬奥！冬奥志愿服务是一张"中国金名片"》，《北京日报》2023年6月8日）

知识拓展

2022 年北京冬奥会大数据

1. 参赛国家和地区。北京冬奥会共有 91 个国家和地区参加比赛，创下历史新高。其中，有 5 个国家首次参加冬奥会，分别是安哥拉、埃塞俄比亚、加蓬、卢旺达和津巴布韦。

2. 比赛项目。本届奥运会共有 15 个不同的比赛项目，其中包括传统的滑雪、冰球和短道速滑等项目，也包括较为新颖的单板滑雪、自由式滑雪等项目。

3. 金牌数。本届冬奥会有 29 个国家和地区奥委会获得奖牌，打破 2 项世界纪录。在金牌榜上，挪威队表现出色，以 39 枚金牌的成绩稳居第一。德国队以 31 枚金牌紧随其后，加拿大队则以 29 枚金牌位列第三。中国队在本届冬奥会上共获得 12 枚奖牌，其中 5 枚金牌、2 枚银牌和 5 枚铜牌。

4. 性别比例。北京冬奥会是性别最均衡的一届冬奥会：45% 为女性运动员、55% 为男性运动员。

5. 观众数量。本届冬奥会吸引了超过 100 万名观众前来观赛。

7　在联合国工作的中国青年

建功世界有我，我有奋斗青春。这批"90后""95后"甚至"00后"，可能是最幸运的一代人——他们成长于中国飞速发展的年代，在国际舞台上切切实实地感受到了"我与祖国共奋进"，在一个个看似日常的工作中，把中国的智慧和经验带到全世界。奋斗在国际组织中的中国青年，用自己的勤恳、坚韧、智慧和责任心，塑造出有口皆碑的职业群像。

2017年7月，25岁的北京女孩张斯然辞去了电视记者的工作，加入联合国难民署驻华代表处，开始从事代表处的对外传播工作。

同一个月，26岁的山西男孩孙乾放弃了国外法学院的录取通知书，在联合国开发计划署驻华代表处实习半年后，得到了转正机会，先是担任法律顾问，后又转任监控与评估官一职。

一年后的 7 月，24 岁的上海女孩陈一麟抵达纽约，开始在联合国儿童基金会实习，负责社交媒体运营工作。

随着中国日益走近世界舞台的中央，越来越多的中国青年也走进国际组织的平台，书写人生价值，贡献中国力量。

"我的世界版图变大了"

张斯然对联合国的向往，源于一篇小学语文课文——《一个中国孩子的呼声》，讲的是一名中国蓝盔战士牺牲后，他的孩子给联合国秘书长写了一封信，表达了全世界的孩子呼唤世界和平的心声。

这颗种子，在张斯然已经有了一份令人羡慕的工作之后，依然在发芽，直到结了果。"能在联合国难民署工作，为世界和平与发展的伟大事业尽一份微薄之力，我感到非常荣幸。"张斯然说。

陈一麟却曾忽略世界之"大"。那些待在地图"犄角旮旯"的"小国"，一度在她心中没有存在感。直到她来到联合国儿童基金会，看到他们发起的校园暴力调查问卷中，有"不知名"国家的少年倾诉自己的遭遇。陈一麟内心很受触动："世界上有这个国家，这个国家有人民，人民有自己的人生。一切都很真实。"

而陈一麟的同事们，一直以来都在关注世界各个角落的人们，并为解决他们的问题而付出切实的努力。"联合国的使命这时变得非常真实，也改变了我对世界的看法，关注到平时不可能关注到的人。"陈一麟缓缓地说，"我的世界版图变大了。"

一直从事新闻与传播的张斯然在联合国难民署驻华代表处工作近两年来，越来越能理解习近平主席所说的"人类命运共同体"。她认为，我们所生活的世界前所未有地互联互通，没有任何国家、任何人可以安安静静做一座孤岛。战乱冲突、流离失所、气候变暖等全球挑战都需要全球方案。而她，正在为此而添一点柴、加一片瓦。

"比昨天的自己有进步就应该知难而上"

孙乾的同事，除了来自中国，还来自瑞士、意大利、挪威、斯里兰卡等国家。许多同事毕业于国内国际名校，专业背景涵盖国际关系、公共政策、经济、环境、法律等。孙乾乐于挑战的性格，让他很享受多元碰撞、"高压"工作的氛围。

"火花往往就是碰撞出来的。"孙乾说，在联合国系统工作，同事们通常不会惧怕和回避不同观点、多元文化之间的"碰撞"，反而会清晰地表达自己的看法，并倾听和接受别人的观点，和而不同。

当然，碰撞的除了火花，还可能是"碰壁"。

孙乾坦言，刚到联合国开发署驻华代表处工作时，他难以跟上外籍同事发言讨论的节奏，明明自己有话说却插不进同事们的讨论，很让孙乾沮丧和失落。

大洋彼岸，陈一麟在联合国儿童基金会的小组会议上，也一头雾水，全程没说上几句话。"不仅是语言和口音问题。大家讨论的网红我也不熟悉，能把所有人逗笑的笑话，我也不知道笑点在哪。"陈一麟说。

作为所在小组"史上第一个实习生"，陈一麟最初几天都没有明确的工作任务。可她"不甘寂寞"，凭着对同事工作的观察与学习，她主动请缨，撰写了儿童基金会各国办事处社交媒体账号对世界母乳喂养日主题宣传情况的分析报告。

陈一麟的报告收获了同事们的"花式"赞美。

"你的报告做得真好！""也发给我一份行吗？""能给我们开一个经验分享会吗？""我们团队的项目，也邀请你参与。"

这些话，让陈一麟的成就感油然而生。"我做了大量工作，幸运的是，我的努力没有白费。"陈一麟说。

孙乾也在努力着。今年3月底，纽约总部团队来到开发署驻华代表处，对过去4年在华执行项目的运转情况开展为期3周的调查评估。孙乾和他的团队承担了活动的总协调任务。

3周里，孙乾和同事们通力协作，最终安排了80多场访谈和全国8个关键项目点的实地走访。平均每个工作日6场访谈，访谈之外还有出行、食宿等后勤工作。孙乾24

小时待命，如弦上的箭，随时准备冲到最前线。

评估结束后，纽约总部的同事专门给孙乾和同事们发邮件，称在中国的 80 多场访谈没有一场"发生事故"，是他们经历过的"最顺利、组织最好"的评估活动。这句话，也足让孙乾心中升腾出成就感。

挑战和压力，沮丧和挫败，没有绕过奋斗在联合国里的中国青年们。"但任何一份工作都是有着挑战和困难的，只要比昨天的自己有进步就应该知难而上。"张斯然的话，也许是这些青年们共同的心声。

建功世界有我，我有奋斗青春。更广阔的舞台，更重要的职位，更辉煌的未来，正召唤着这些年轻的追梦人。

（节选自王若辰：《在联合国工作的中国青年》，《新华每日电讯》2019 年 5 月 7 日）

知识拓展

中华人民共和国恢复联合国合法席位

1971 年 10 月 25 日，第 26 届联合国大会以 76 票赞成、35 票反对、17 票弃权的压倒多数通过了恢复中国在联合国合法席位的 2758 号决议，并将台湾当局驱逐出联合国组织。这一天，当电子计票牌显示出表决结果后，纽约的联合国总部响起经久不息的掌声。

"我们胜利了！""中国万岁！"与会的许多代表握手、拥抱，有的代表跳起舞来。这是一个具有历史意义的时刻，是一个辉煌的时刻。

诞生于二战硝烟之中的联合国，是世界反法西斯战争胜利的成果，寄托着人类永不再战的理想。中国是联合国的创始会员国和安全理事会的五个常任理事国之一。然而，1949年中华人民共和国成立后，中国在联合国的合法席位却一直被台湾国民党当局非法占据。

从1949年到1971年，围绕恢复中国在联合国的合法席位问题，中国政府和人民进行了长达22年的斗争，这一斗争得到世界上越来越多国家的支持。

1971年10月25日，第26届联合国大会通过决议，决定恢复中华人民共和国在联合国的合法席位。11月1日，五星红旗第一次在联合国升起。11月15日，在第26届联合国大会全体会议上，中国代表团团长乔冠华登台演讲，这是新中国的代表在联合国的第一次正式亮相。乔冠华的演讲和他此前开怀大笑的样子一起载入了史册。

新中国恢复联合国合法席位，是中国外交的重大胜利，为中国和平发展提供了良好的外部环境。新中国重返联合国后，一直以实际行动践行联合国宪章的宗旨和原则，成为世界和平的建设者、全球发展的贡献者、国际秩序的维护者和公共产品的提供者，彰显了中国推动构建人类命运共同体的使命和担当。

8 赣南苏区：十年振兴精彩蝶变

十年来，赣州这片承载着中国共产党人初心和使命的红土地上，习近平新时代中国特色社会主义思想的真理伟力、实践伟力放射出璀璨光芒，"集中力量办大事"的显著制度优势得到进一步凸显，赣南儿女饮水思源，发自内心拥护核心，"坚定不移听党话、跟党走"的决心坚如磐石。

十年，在历史长河中，弹指一挥间。但刚刚过去的十年，却是赣州发展历史上的"高光时刻""黄金十年"，在赣南历史中写下了浓墨重彩的一页。

回望十年，习近平总书记对赣州关怀备至。习近平总书记亲自谋划推动赣南等原中央苏区振兴发展战略，为赣州发展把脉定向、擘画蓝图，为赣州振兴发展注入强大动力。尤其是 2019 年 5 月 20 日，习近平总书记亲临赣州视察，对赣南原中央苏区振兴发展取得的成绩给予了充分肯定。

回望十年，党中央、国务院及国家部委以前所未有的力度倾力帮助、倾情支援。国务院《关于新时代支持革命老区振兴发展的意见》出台实施，《赣州革命老区高质量发展示范区建设方案》经国务院批复同意正式印发，中央及国家部委先后安排五批 201 名挂职干部奔赴赣南，省委、省政府鼎力支持，为赣南发展注入了不竭动力。一条条特殊支持的帮扶措施、一个个实实在在的重大项目、一笔笔真金白银的援助资金，给予赣州人力、物力、财力支持。

回望十年，赣州发展步入快车道。主要经济指标增速持续高于全国、全省平均水平，人均水平与全国、全省差距不断缩小。2021 年突破 4000 亿元、达 4169.37 亿元，是 2011 年的 3.1 倍，在全国城市排位由第 108 位跃升至第 65 位，十年前进 43 位。

回望十年，赣南大地山乡巨变。长期困扰赣南人民的上学难、看病难、吃水难、出行难、用电难等问题基本解决；赣州进入经济社会发展最快、城乡面貌变化最大、老百姓受益最多的时期。从改善生态环境到畅通交通动脉，一件一件民生实事的落地落实，老区人民的获得感、幸福感、安全感一天比一天丰满。

十年振兴发展，赣州坚持把国家扶持资源用于造福人民，把近七成财政支出、近八成新增财力用于改善民生，民生资金投入年均增长 16.85%，探索了产业扶贫"五个一"机制、健康扶贫"四道保障线"等做法，稳定实现脱贫群众"两不愁三保障"。老区人民的生活日新月异，群众在山歌里激动地唱道："哎呀嘞！砍柴全靠好镰刀，撑船全靠好竹篙。同志哥！党的恩情比山高，感恩奋进攀新高。"

十年振兴发展，赣州打造了一批在全省乃至全国有影响的特色产业，产业结构单一、竞争力不强的问题有效改善，高质量发展的内生动力澎湃强劲。"1+5+N"产业集群齐头并进，4个千亿元产业集群蓬勃发展；赣南脐橙种植面积和产量世界第一，品牌价值稳居水果类区域品牌全国榜首，粤港澳大湾区"菜篮子"生产基地48家；国家AAAA级旅游景区实现县县全覆盖，旅游总收入突破1500亿元，赣州跻身全国12大重点红色旅游区。

十年振兴发展，赣南的山更绿了、水更清了、空气更清新了，一幅青山叠翠、绿意盎然的生态画卷徐徐展开，越来越多的人走进赣南畅游绿水青山、尽享生态之美。赣州获评全国首批生态文明典范城市、中国绿色发展优秀城市、中国最具生态竞争力城市，我国南方地区重要生态屏障进一步巩固。$PM_{2.5}$、PM_{10}浓度均值降幅全省第一，集中式饮用水源地水质达标率100%，完成两轮东江流域上下游横向生态补偿机制试点，确保一江清水流向广东和香港。

十年振兴发展，赣州弘扬敢为人先的改革精神，大力实施深化改革开放攻坚行动，赣南成为"老区中的特区"，一些制约发展的瓶颈问题加快解决，一批长期想改的重点事项取得突破，创新创业的环境大踏步接轨先进地区，正加速成为开放高地、创业之州。累计获批国家级以上试点示范事项 124 个，成为国家部委改革创新的"试验田"，创造了一批可复制推广的"赣州经验"；以"大湾区能做的，我们也要能做到"为目标，实施营商环境优化升级"一号改革工程"，"干就赣好"品牌更加响亮；赣州国际陆港"无中生有"、爆发式发展，实现国际贸易"起运港""目的港"功能，与深圳盐田港首创"跨省、跨关区、跨陆海港"通关新模式，中欧（亚）班列开行量进入全国内陆港"第一方阵"，入选国家多式联运示范工程。

十年振兴发展，赣南大地风清气正，干部群众同心同向，汇聚起战无不胜的磅礴力量，推动赣南这片红土地不断书写新的时代荣光。赣州坚持从红色基因中汲取强大信仰力量，扎实推进"三严三实"专题教育、"两学一做"学习教育、"不忘初心、牢记使命"主题教育和党史学习教育，常态化开展"五红"活动，着力打造最讲党性、最讲政治、最讲忠诚、最讲担当的红土圣地。

（改编自胡江涛、刘小平、曾华荣等：《赣南苏区：十年振兴精彩蝶变》，原载《江西日报》2022 年 6 月 28 日）

📖 知识拓展

南康家具 30 载

风起南塿（yě）激荡平地春雷，峥嵘岁月掀起江潮汹涌。从 1993 年南康第一家家具厂创办，到 2022 年南康家具总产值突破 2500 亿元，30 年来，南康家具人创新创业、勇立潮头，演绎了一幕铿锵奋进的进行曲。

目前，南康成为全国最大的实木家具生产基地、"中国实木家居之都"和全国林产业发展典范，成功入围工信部先进制造业产业集群。

"男做木匠，女做裁缝"，是历史上南康居民重要的谋生手段之一。改革开放之后，大批南康木匠南下广东务工，积累一定技术和资金后返乡创业。1993 年南康诞生了第一家家具厂，后经历届党委政府"放水养鱼"，南康家具产业快速增长，到 2012 年达到了产值超百亿、数量近 6000 家的产业规模。

2017 年以来，南康家具进入"高质量发展"阶段。实施"招大引强、靠大联强、扶优扶强"三强战略，为南康家具高质量发展注入强大动力。

南康家具依托赣州国际陆港，实现从 50 多个国家和地区进口木材、家具销往 100 多个国家和地区，开辟了"木材买全球、家具卖全球"的新局面。建成跨境电商产业园，与各大电商平台合作，2022 年南康家具电商交易额近 700 亿元。

图书在版编目（CIP）数据

做堪当新时代重任的接班人.第一辑:少年版/《做堪当新时代重任的接班人》编写组编.--南昌:江西人民出版社,2023.8
（新时代爱国主义教育丛书）
ISBN 978-7-210-14848-7

Ⅰ.①做… Ⅱ.①做… Ⅲ.①爱国主义教育—中国—少年读物 Ⅳ.① D647-49

中国国家版本馆 CIP 数据核字 (2023) 第 155772 号

做堪当新时代重任的接班人·第一辑（少年版）
ZUO KANDANG XINSHIDAI ZHONGREN DE JIEBANREN · DI-YI JI（SHAONIAN BAN）
《做堪当新时代重任的接班人》编写组　编

策　　　划：张德意　梁　菁　黄心刚
责 任 编 辑：魏如祥　郭　锐　王醴颉
本 册 撰 稿：戴江平
书 籍 设 计：王梦琦

江西人民出版社
Jiangxi People's Publishing House
全国百佳出版社
出版发行

地　　　址：江西省南昌市三经路 47 号附 1 号（330006）
网　　　址：www.jxpph.com
电 子 信 箱：jxpph@tom.com
编辑部电话：0791-86891727
发行部电话：0791-86898801
承 印　　厂：江西新华印刷发展集团有限公司
经　　　销：各地新华书店

开　　　本：880 毫米 ×1230 毫米　1/32
印　　　张：4.5
字　　　数：100 千字
版　　　次：2023 年 8 月第 1 版
印　　　次：2023 年 8 月第 1 次印刷
书　　　号：ISBN 978-7-210-14848-7
定　　　价：16.00 元
赣版权登字 –01-2023-355